LE

THÉATRE

DES

JEUNES CHRÉTIENNES

Par l'auteur du *Théâtre en famille*.

LE PRIX D'UN VERRE D'EAU FROIDE.

L'ANGE GARDIEN.

LA MAHOMÉTANE AU COUVENT.

ÉPISODE D'UN GRAND DRAME.

PARIS

LIBRAIRIE DE LA PROPAGATION CATHOLIQUE

ANCIENNE MAISON ÉNAULT ET MAS, ÉDITEURS

RUE CASSETTE, 23

VEUVE MAS, SUCCESSEUR

—

1874

LE THÉATRE

DES

JEUNES CHRÉTIENNES.

TOULOUSE, IMP. A. CHAUVIN ET FILS, RUE DES SALENQUES, 28.

LE
THÉATRE
DES
JEUNES CHRÉTIENNES

Par l'auteur du *Théâtre en famille*.

PARIS
LIBRAIRIE DE LA PROPAGATION CATHOLIQUE
ANCIENNE MAISON ÉNAULT ET MAS, ÉDITEURS
RUE CASSETTE, 23
VEUVE MAS, SUCCESSEUR
—
1874

LE
PRIX D'UN VERRE D'EAU FROIDE

DRAME CHRÉTIEN EN UN ACTE.

PERSONNAGES :

ADRIENNE, épouse du gouverneur romain de la Bithynie.
FAUSTA, sa fille (seize ans).
FAUSTINE, sa seconde fille (neuf ou dix ans).
EUPHRASIE, esclave chrétienne (vingt ans).

L'action se passe à Nicomédie, dans l'ancien palais de Dioclétien, devenu le palais du Préteur, au commencement du quatrième siècle de l'ère chrétienne (313).

La scène représente une chambre du gynécée, c'est-à-dire de l'appartement réservé aux femmes. On voit, sur une table, des étoffes, des voiles, des travaux à l'aiguille. Parmi les sièges, il en est un plus grand et plus massif que les autres, qui est celui de la matrone présidant à la confection des vêtements. Au fond, une fenêtre donnant sur la place publique. Deux portes latérales à droite, dont l'une, celle du fond, communique avec le dehors. Une autre porte latérale à gauche, en face de celle de droite, et communiquant, comme celle-ci, avec l'intérieur du palais.

SCÈNE I.

EUPHRASIE (*à genoux et tenant dans ses mains un crucifix*).

O mon Dieu crucifié, ô vous qui êtes le maître de la vie et de la mort, je vous en conjure, guérissez cette enfant, guérissez notre chère Faustine du mal qui menace de nous l'enlever! Seigneur! il n'y a ici que moi, une esclave, pour vous demander la vie de la fille d'un patricien, d'un préteur, et pour vous offrir de prendre la mienne en échange ; mais je suis chrétienne, et ni elle ni ses nobles parents ne vous connaissent. Oh! s'il m'avait été possible au moins, dans l'extrême péril où je la vois, de la baptiser en secret, avant qu'elle meure! Mais sa mère ne la quitte pas; et sa mère, si elle savait que je vous sers et que je vous prie, ô Jésus! non-seulement elle ne me permettrait plus d'approcher ni d'aimer son enfant, mais elle me livrerait au préteur, son-mari, qui persécute votre Eglise. Ah! qu'importe! que cette enfant vive, Seigneur! qu'elle et Fausta sa sœur aînée, Fausta qui ne m'est pas moins chère, Fausta que son excellent cœur rend si digne d'être chrétienne, ah! Seigneur! que toutes deux, un jour, vous connaissent et vous aiment, et je consens, je demande à être exposée aux bêtes, à mourir aujourd'hui même pour ma foi, et pour le salut de ces deux âmes! Mon Dieu, cette prière que je vous fais, daignez-vous l'exaucer? Il me semble, à je ne sais quelle douce et heureuse impression que je ressens en moi-même, que votre cœur, que votre voix me répond : Oui, oui, espère et crois en moi ; malgré toute apparence contraire, espère et crois que les désirs de ta charité seront comblés. Donc, ô bonheur ! Faustine vivra, cette enfant va guérir... et, plus tard...

SCÈNE II.

ADRIENNE, EUPHRASIE.

ADRIENNE (*de la chambre voisine*).

Euphrasie ! Euphrasie ! (*elle entre en scène par la porte de gauche*) ô douleur ! Faustine, ma fille bien-aimée, Faustine est morte !

EUPHRASIE (*elle s'est relevée aussitôt qu'elle s'est entendu appeler et, dans sa précipitation, elle a laissé son crucifix sur le meuble devant lequel elle priait*).

Ce n'est pas possible ! rassurez-vous, madame, votre fille vivra, votre fille guérira.

ADRIENNE (*avec désespoir*).

Vaine illusion ! après son dernier soupir, je n'y

pouvais croire, et j'espérais encore ; mais les médecins m'ont détrompée... et toi-même, vois plutôt...

EUPHRASIE.

Vous permettez (*Elle quitte la scène et elle va dans la chambre*).

ADRIENNE (*s'étant avancée sur la scène, elle aperçoit le crucifix d'Euphrasie, le prend et le regarde curieusement*).

Qu'est-ce que cela ?

EUPHRASIE (*rentrant*).

Il n'est que trop vrai, hélas ! elle est morte !

ADRIENNE (*avec un calme affecté, en montrant le crucifix*).

Euphrasie ! qu'est-ce que cet objet ?

EUPHRASIE (*avec embarras*).

Mais, madame... je ne comprends pas... comment cet objet se trouve-t-il en vos mains ?

ADRIENNE.

En mes mains ; c'est vrai, il les souille (*Elle jette le crucifix par terre et veut mettre le pied dessus*).

EUPHRASIE (*l'arrêtant*).

Madame! (*avec force*) Ah! je vous défends d'outrager l'objet de mon culte! (*Elle ramasse le crucifix, le baise avec respect et le cache sous ses vêtements près du cœur.*)

ADRIENNE (*éclatant*).

Misérable! tu viens de te démasquer; ne le nie plus, tu es chrétienne!

EUPHRASIE (*avec calme*).

Je ne songe nullement à le nier, madame, et je suis prête à en faire la déclaration publique, dans l'amphithéâtre, en présence de tout le peuple.

ADRIENNE.

Tu me braves! mais sais-tu qu'aujourd'hui même, dans quelques instants, un vieillard, que vous appelez votre chef, doit être donné en spectacle et périr sous la dent des bêtes féroces?

EUPHRASIE.

Je le sais, et son sort me paraît moins à craindre qu'à envier.

ADRIENNE.

Ainsi, avoue-le, tu ne t'es introduite ici, dans la maison du préteur, que pour la ruiner. Toutes nos infortunes, c'est toi qui nous les as attirées. Cet esclave en démence qui s'était mis en tête de me tuer, c'est toi qui lui avais soufflé cette fureur.

EUPHRASIE.

Vous oubliez, madame, qu'au contraire c'est moi qui vous ai avertie du danger.

ADRIENNE.

Apparemment parce que son dessein te paraissait devoir échouer, ou que ta haine me réservait quelque chose de plus cruel que la mort. En effet, cette peste qui sévit dans Nicomédie, si tu ne l'as toi-même déchaînée contre la ville, à tout le moins c'est le fait de tes pareils; mais ce qu'il y a de sûr, c'est que tu lui as ouvert l'entrée du palais, et qu'il n'a pas dépendu de toi que mon mari, que Faustus n'en pérît.

EUPHRASIE.

Dans votre reconnaissance, vous me disiez, madame, qu'il n'avait dû la vie qu'à mes soins.

ADRIENNE.

Je me trompais. En tout cas, si tes maléfices n'ont pu m'enlever mon mari, ils n'ont que trop réussi à arracher à notre tendresse l'enfant que nous aimions plus que nous-mêmes, notre chère et trop chère Faustine.

EUPHRASIE.

Avec quelle joie j'aurais donné ma vie pour sauver la sienne ! Mais à quoi bon vous dire cela ? vous ne me croyez pas.

ADRIENNE.

Et comment pourrais-je te croire ? Tu es chrétienne ! Mais écoute : je ne te dénoncerai ni ne te perdrai, je te pardonnerai même, si tu veux m'accorder une grâce. Tu vois : au lieu de menacer, je me fais suppliante. Cette grâce que je te demande, c'est que tu ne m'enlèves pas, c'est que tu me laisses l'unique objet d'amour et de consolation qui me reste, Fausta, ma fille aînée, hélas ! ma seule fille à présent. Tu m'as déjà pris son cœur, oui, car elle te préfère à moi, à sa propre mère ! (*mouvement d'Euphrasie pour répondre.*) Oh ! ne me démens pas, je sais là-dessus à quoi m'en tenir. Et même, je t'en fais l'aveu, ce qui me porte à t'épargner, c'est cet attachement qu'elle a pour toi, ce besoin qu'elle a de ta compagnie, et qu'elle en aura surtout en ces jours de deuil. D'abord, promets-moi de ne lui rien dire de la mort de sa sœur, — cette nouvelle suffirait à la frapper du même mal, — puis, reste près d'elle, applique-toi à la distraire, à l'égayer, tandis que nous nous occuperons des funérailles de sa sœur. A ce compte, moi, je te promets d'oublier que tu es chrétienne, par conséquent notre ennemie.

EUPHRASIE.

Désabusez-vous, madame, et ne nous accusez pas sur des préjugés trompeurs.

ADRIENNE.

Soit ! veux-tu me prouver que je m'abuse et que j'ai tort de t'accuser ?

EUPHRASIE.

Pour cela, il n'est rien que je ne fasse.

ADRIENNE.

Eh bien ! fais seulement ce que je te demande.

EUPHRASIE.

Vous serez obéie, croyez-le bien.

ADRIENNE.

Je veux le croire, car tu n'oublieras pas qu'il y va de ta vie. *(Ecoutant et regardant du côté de la porte de droite)* : J'entends du bruit : c'est Fausta qui vient. Je me retire au plus vite, pour échapper à ses questions *(Elle sort).*

SCÈNE III.

FAUSTA, EUPHRASIE.

FAUSTA *(entrant).*

Tu es seule, Euphrasie ; je croyais ma mère avec toi. Comment va Faustine ?

EUPHRASIE.

Votre mère m'a chargé de vous dire de ne pas vous inquiéter à son sujet.

FAUSTA.

A la bonne heure! Mais comme c'est dur pour moi de ne pouvoir visiter ma sœur malade...

EUPHRASIE.

C'est une sage précaution. Ce mal est contagieux, vous le savez...

FAUSTA.

Mais d'autres y vont bien. Ainsi, toi-même, Euphrasie, on te laisse entrer. Tu l'as vue ce matin, n'est-il pas vrai? Comment était-elle?

EUPHRASIE.

Elle semblait dormir.

FAUSTA.

Heureuse nouvelle! Allons, il faut que je chasse de mon esprit ces sombres images qui m'attristent. Figure-toi que j'ai rêvé que Faustine était morte!

EUPHRASIE.

Il faut vous distraire. Auquel de ces ouvrages vous plaît-il que nous nous occupions ? Ces fleurs commencées, voulez-vous que nous achevions de les peindre ? Aimez-vous mieux continuer cette broderie ?

FAUSTA.

Non. Mais ces riches étoffes et ces voiles, apprêtons-les pour en faire un magnifique costume dont nous parerons Faustine, quand elle sera guérie. Vois donc comme ces couleurs sont fraîches ! Elles lui iront à ravir, n'est-ce pas ? Mais qu'as-tu donc ? Il semble que ma gaieté t'attriste ? Ah ! décidément, il est arrivé quelque malheur qu'on ne me dit pas, et que j'ai pressenti. Je veux voir Faustine.

EUPHRASIE.

Votre mère ne le permet pas ; voulez-vous désobéir à votre mère ?

FAUSTA.

Mais elle, ma mère, pourquoi ne l'ai-je pas vue

ce matin, comme de coutume ? Pourquoi se cache-t-elle de moi ?

EUPHRASIE.

Probablement parce qu'elle n'a que le temps de vaquer à tous ses apprêts, pour accompagner le Préteur à l'amphithéâtre, où se doit donner un grand spectacle...

FAUSTA.

Oui, un de ces spectacles sanglants, auxquels je suis heureuse que mon âge ne me permette pas d'assister. J'aime bien mieux, Euphrasie, demeurer ici, avec toi... car je t'aime, j'aime ta douceur, ta bonté... (*On entend des cris qui viennent de la place publique.*) Qu'est-ce que ces cris ? (*Allant à la fenêtre.*) Oh ! que de monde sur la place publique ! Euphrasie, viens donc voir ! (*Euphrasie s'approche de la fenêtre, mais sans regarder.*)

Ils ont l'air d'attendre et d'apercevoir quelqu'un qui vient de ce côté... Sans doute le criminel qui doit être livré au supplice.... Oui, oui, le voici ! il va passer tout près de nous, sous cette fenêtre, avec les soldats qui l'escortent... (*A Euphrasie.*) Pourquoi ne regardes-tu pas? Oh! comme tu es pâle! et tu trembles! Pauvre Euphrasie! Cela te fait peur! C'est un vieillard; comme il marche péniblement! Et on ne lui donne pas le temps de respirer, on le force à avancer... Ciel! le voilà qui tombe de fatigue... (*S'adressant aux soldats*) : Eh! laissez-lui donc le temps de se relever... attendez : il parle.... J'ai soif, dit-il, j'ai bien soif! Et personne qui veuille donner à boire à ce vieillard défaillant! Oh! c'est trop dur! (*Elle prend précipitamment une aiguière et un verre placés sur un meuble et veut sortir.*)

EUPHRASIE (*l'arrêtant*).

Fausta! non, pas vous... Moi, à la bonne heure! donnez... Ils croiraient que vous êtes une chrétienne, ils vous tueraient!... donnez, vous dis-je.

FAUSTA.

Qu'ils croient ce qu'ils voudront, et laisse-moi faire.... il ne sera pas dit que j'aurai vu un homme ayant soif sans lui offrir au moins un verre d'eau froide (*Elle sort*).

EUPHRASIE (*regardant par la fenêtre*).

O mon Dieu ! Protégez-la !... Elle fend la foule, elle force les soldats eux-mêmes à lui livrer passage.... Bon ! la voilà près du chrétien... que vois-je ! l'évêque de Nicomédie... notre Père, notre vénéré Père ! ô malheur !... Elle lui offre à boire en souriant. Oh ! quelle est belle dans son intrépide charité ! Seigneur ! n'avais-je pas raison de la juger digne d'être chrétienne ? Et le noble martyr la remercie d'un sourire ; il lui parle, il la bénit..... oh ! cette bénédiction lui portera bonheur. Mais que vois-je ? les soldats veulent l'arrêter ! qu'entends-je ? on demande sa mort !.. (*On entend des cris confus parmi lesquels on distingue ces mots : A mort, à mort, la chrétienne !*) Que va-t-il arriver ? (*Criant de toutes ses forces*) : Barbares, arrêtez !... Ce n'est pas une chrétienne, c'est la fille du Préteur !... O bonheur ! ils m'ont entendue : ils la laissent libre ! On s'écarte devant elle ! Enfin ! elle rentre ; elle est sauvée !

FAUSTA (*avec calme*).

Tu vois, Euphrasie, que l'entreprise n'était ni difficile ni périlleuse.

EUPHRASIE.

Que dites-vous ? N'avez-vous pas eu peur de leurs cris, de leurs menaces ?...

FAUSTA.

Je ne les ai pas même entendus (*Elle dépose l'aiguière et le verre*). Et que n'est-ce à refaire ? je recommencerais bien volontiers.

EUPHRASIE.

Mais les cris redoublent, ils deviennent plus menaçants.... (*Elle regarde.*) On s'ameute autour du palais....

FAUSTA.

Eh bien ! si cela t'effraie, ou t'importune, ferme la fenêtre, et nous n'entendrons plus.

EUPHRASIE (*fermant la fenêtre*).

Nous n'entendrons plus, mais ils ne finiront pas de crier ; et que va-t-il s'ensuivre ?

FAUSTA.

O le bon et l'auguste vieillard ! Avec quel divin sourire il m'a remerciée, et que ses paroles m'ont été douces à entendre! Voyons, que je me les rappelle : « Enfant, » m'a-t-il dit, « ce bon office que vous me « rendez aura sa récompense en ce monde et dans « l'autre. Votre petite sœur vous sera rendue et vivra ; « en outre, vous connaîtrez le salut en Jésus-Christ, « vous et les vôtres, vous d'abord, et les vôtres après « vous et par vous. »

EUPHRASIE (*avec transport*).

Il vous a dit cela !

FAUSTA.

Oui, exactement cela. Et j'ai bien compris qu'il m'annonçait la guérison de Faustine ; mais le reste passe mon intelligence, explique-le-moi.

EUPHRASIE.

L'explication vous en sera donnée, n'en doutez pas, en temps utile et par un esprit plus éclairé que le mien. Mais où en est le tumulte ? laissez-moi voir... (*elle remonte la scène pour regarder par la fenêtre*). On vient ! c'est votre mère... (*à part, en redes-*

cendant la scène) que va-t-elle dire ? Elle a l'air courroucé...

ADRIENNE (*elle se tient au fond et, indiquant la porte latérale de droite, elle dit d'un ton de colère contenue*).

Euphrasie ! j'ai besoin de rester seule avec ma fille ; sortez ! (*Euphrasie sort par la porte qui lui a été indiquée.*)

SCÈNE IV.

ADRIENNE, FAUSTA.

ADRIENNE.

Ma fille, sois sincère : ce que tu viens de faire tout à l'heure, en présence de tout le peuple, avoue que c'est Euphrasie qui te l'a conseillé.

FAUSTA.

Non, ma mère, je l'ai fait de mon propre mouvement.

ADRIENNE.

Mais elle a, sans nul doute, excité ta compassion en faveur de ce chrétien.

FAUSTA.

En aucune façon.

ADRIENNE.

Enfin, elle a dû, par des propos habiles, te rendre le nom de chrétien moins odieux, moins méprisable... peut-être même a-t-elle réussi à te le faire aimer...? ne crains pas de me le dire.

FAUSTA.

Ma mère, je vous affirme qu'elle n'a jamais prononcé ce nom devant moi.

ADRIENNE.

Comment alors m'expliqueras-tu ta conduite ?

FAUSTA.

C'est bien simple. Nous étions ici, Euphrasie et moi, voulant, avec ces étoffes, faire un beau costume à Faustine, pour l'en parer après sa guérison (*mouvement désespéré d'Adrienne*). Tout à coup, des clameurs partent de la place. Je regarde, et vois bientôt un pauvre vieillard qu'on traînait au supplice. Maltraité, harcelé par les soldats qui l'escortent, il s'affaisse et, n'ayant pas la force de se relever, il demande à boire. A ces mots, j'ai pris cette aiguière et ce verre et, malgré Euphrasie qui s'y opposait et qui voulait le faire à ma place, j'ai donné à boire à ce malheureux. Telle est, ma mère, dans toute sa vérité et sa simplicité, l'explication de ma conduite ; et je ne comprends pas que cela ait pu tant indigner le peuple contre moi, ni vous causer à vous-même, à ce qu'il semble, quelque mécontentement.

ADRIENNE.

Tu parles de mécontentement ; ah! dis plutôt du désespoir ! C'est que tu ne sais pas, enfant, que l'empereur Dioclétien a naguère habité cette ville de Nicomédie, et qu'il y a fait partager à tout le peuple, qui la garde encore, toute son implacable haine contre les chrétiens. Tu ne sais pas que ton père a été accusé de tolérance envers ceux-ci, et qu'il a reçu l'ordre de donner satisfaction à la multitude par de nouvelles exécutions. Et c'est au milieu de ces difficultés que toi, sa fille, tu viens, en quelque sorte, le démentir et te faire soupçonner, par tous ceux qui t'ont vue, d'être une chrétienne.

FAUSTA.

Une chrétienne ? Je ne sais pas ce que cela veut dire ; mais il me semble que ce nom ne saurait être déshonorant, si on se l'attire par une bonne action.

ADRIENNE.

Insensée ! Ne parle pas ainsi. Faut-il donc te dire que cette action imprudente a soulevé dans la ville une véritable sédition ; que ton père a dû intervenir avec ses licteurs, suspendre le spectacle, arracher le chrétien à la foule ameutée qui l'aurait mis en pièces et le recueillir ici dans son palais, puis s'engager, vis-à-vis de cette même foule, qu'avant ce soir justice serait faite et satisfaction lui serait donnée. Or, en ce moment, il est en pourparler avec les principaux citoyens de la ville, et il cherche, par tous les moyens, à obtenir qu'on te pardonne.

FAUSTA.

En vérité, je ne pensais pas et, le dirais-je ? je ne pense pas encore être si criminelle !

ADRIENNE (*comme se parlant à elle-même*).

Sommes-nous assez malheureux ! perdre notre seconde fille ! n'avoir plus que celle-ci... et, le même jour...

FAUSTA (*l'interrompant*).

Rassurez-vous, ma mère, Faustine ne mourra pas, Faustine guérira.

ADRIENNE.

Hélas ! puisque le secret vient de m'échapper... à quoi bon dissimuler encore ? Non, Fausta, non, ta sœur ne guérira pas... (*Signes d'incrédulité de la part de Fausta.*) Tout espoir est perdu... (*Nouveaux signes.*) Enfin, sache-le donc, ta pauvre sœur... elle est morte !

FAUSTA (*souriant*).

Vous vous trompez, ma mère ; Faustine nous est rendue ! Réjouissez-vous : vous la reverrez riante, aimante, brillante de santé...

ADRIENNE.

Voyons : Fausta, as-tu perdu la tête, ou as-tu juré,

par tes contradictions obstinées, de me mettre à la torture ? Je te répète que ta sœur n'est plus, qu'elle a rendu son dernier soupir, ce matin, entre mes bras....

FAUSTA.

Et moi, ma tendre et bien-aimée mère, je vous demande pardon, mais je vous répète, à bon escient, que vous êtes dans l'erreur ; et, pour vous le prouver, je n'ai besoin, avec votre permission, que d'entrer chez ma sœur et de vous l'amener *(Elle sort par la porte de gauche)*.

SCÈNE V.

ADRIENNE, EUPHRASIE.

ADRIENNE *(courant à la porte par où est sortie Euphrasie)*.

Euphrasie ! Euphrasie ! *(Euphrasie paraît)* accours... je ne t'en veux plus... je te demande pardon de toutes mes accusations, de tous mes soupçons.... Mais Fausta est folle... elle ne veut pas croire que sa sœur soit morte... elle prétend me l'amener, me la rendre....

EUPHRASIE.

Je pense comme elle, madame.

ADRIENNE.

C'est trop fort ! Alors, je me suis trompée, ou plutôt, je vous ai trompées, je ne l'ai pas vue mourir? Et toi-même, tout à l'heure...

EUPHRASIE.

Vous ne vous êtes pas trompée : elle est morte ! Mais ni Fausta, ni moi, nous ne nous trompons non plus ; nous en avons pour gage la parole du martyr : elle ressuscitera.

ADRIENNE.

Ah ! tant d'entêtement et de démence, même chez ma fille... cela m'accable et me renverse ! (*Elle s'assied sur le plus grand siége.*)

EUPHRASIE.

Madame, voyez plutôt ! (*Au fond de la scène paraît Fausta tenant sa sœur Faustine par la main*).

SCÈNE VI.

ADRIENNE, EUPHRASIE, FAUSTA, FAUSTINE.

ADRIENNE (*toujours assise*).

Faustine ! Est-il possible... Ah !... (*Elle s'évanouit.*)

FAUSTA (*accourant avec sa sœur*).

Ma mère ! ma tendre mère !... (*A Euphrasie avec désespoir*) : Est-ce qu'elle va mourir ?

EUPHRASIE.

Rassurez-vous... on ne meurt pas de joie... Elle va revenir à elle.... Voyez ! elle revient déjà (*Elle soutient la tête d'Adrienne*). Madame !... Madame !...

FAUSTINE (*caressant sa mère*).

Mère ! petite mère... Regarde-moi... Je suis guérie...

ADRIENNE (*ayant tout à fait repris ses sens*).

C'est donc vrai ! (*Elle couvre Faustine de baisers.*) Ah ! quel qu'il soit, béni soit le Dieu qui t'a rendue à ta mère ! (*Embrassant Fausta.*) Chère enfant ! C'est grâce à toi que je suis si heureuse !

FAUSTINE.

Mère ! explique-moi donc comment, ayant été si malade, je me trouve tout à coup guérie et sur pied ?

ADRIENNE.

Demande à ta sœur.

FAUSTA (*à sa sœur*).

Mais d'abord explique nous toi-même, si tu t'en souviens, ce que tu as ressenti et ce qui s'est passé tout à l'heure, avant que je t'appelle.

FAUSTINE.

Je ne sais pas si je m'en souviendrai... Attends... C'est bien confus !... Ah ! d'abord je souffrais, je souffrais comme si quelque chose allait se briser en moi... et puis je m'en allais, emportée je ne sais où, loin du jour qui baissait pour moi de plus en plus, loin de ma mère qui essayait de me retenir, et dont j'entendais la voix de moins en moins distinctement... Après quoi, je ne vis et n'entendis plus rien... — Alors, peu à peu, je me retrouvai dans la lumière, et j'entendis toutes sortes de bruits qui ressemblaient à des chants... Mais, chose étrange! ce n'était plus avec mes yeux que je voyais, ni avec mes oreilles que j'entendais... mais avec ma pensée, avec mon esprit, qui vivait sans corps, et sans qu'il me parût cependant que j'eusse rien perdu de moi-même.

(Air des *Hirondelles*, de Félicien David.)

J'entendais des louanges,
J'entendais des concerts;
Et je voyais les anges
S'envoler par phalanges
    Dans les airs.

Mais du palais céleste
Je cherchais les abords,
Quand un ordre funeste
M'arrête, et me dit : Reste
    Au dehors!

Cependant une belle apparition vint me consoler. C'était une dame éblouissante de beauté qui tenait dans ses bras un petit enfant plus éblouissant encore, et semblait me le présenter. Mais, chaque fois que j'étendais les mains comme pour prendre l'enfant, elle le retirait. Puis, je ne sais comment toi, Fausta, tu t'es trouvée là... Et, à toi, la dame te donnait son enfant, et tu le recevais avec joie dans tes bras, et, quand je voulais te le prendre, toi aussi tu me le refusais. Mais, tout à coup, un monstre terrible, un animal féroce, menaça de te dévorer!... et tu le regardais sans crainte, et tu souriais... et la dame et l'enfant souriaient aussi!... Moi, au contraire, je tremblais de tous mes membres, et je pensais mourir de peur, quand ta voix, ta douce voix m'a appelée et réveillée.

FAUSTA (*avec gaieté*).

Voilà un rêve!...

ADRIENNE (*à part, en se levant de son siége*).

Qui me fait souvenir de la triste réalité (*Haut*). Mes enfants, j'ai besoin de rester seule avec Euphrasie. Voulez-vous sortir un instant?

FAUSTA (*prenant Faustine par la main, pour l'emmener*).

Tout de suite, mère.

FAUSTINE (*en s'en allant*).

A condition que nous te reverrons bientôt?

ADRIENNE.

J'irai vous rejoindre.

(Les enfants sortent par la porte à gauche).

SCÈNE VII.

ADRIENNE, EUPHRASIE.

ADRIENNE.

Euphrasie ! avant de te rien dire, il faut que je sache si c'est à une amie ou à une ennemie que je m'adresse. Mon ennemie, tu as le droit de l'être : je t'ai soupçonnée injustement et gravement offensée. Réponds-moi d'abord, et réponds sans crainte et avec franchise, si tu m'en gardes du ressentiment.

EUPHRASIE.

Madame, puisque vous permettez que je m'honore de ce titre, je vous affirme que vous vous adressez à une amie.

ADRIENNE.

Merci ! Je puis maintenant t'ouvrir mon cœur, avec toutes ses angoisses. Faustine m'est rendue, je ne sais par quel prodige ; mais je cours l'effroyable danger de perdre Fausta.

EUPHRASIE.

Se peut-il ? Et quel est ce danger ?

ADRIENNE.

Le peuple exige que celle qui a secouru le chrétien meure avec lui !

EUPHRASIE.

Mais c'est la fille du préteur. Et, Dieu merci ! le seul maître qui commande à Nicomédie, le seul juge qui condamne, c'est le préteur. Il ne condamnera pas sa fille.

ADRIENNE.

Tu ignores, ma pauvre Euphrasie, combien, en des temps comme les nôtres, celui qui commande une province et la gouverne se trouve dépendant et impuissant. Ainsi, présentement, des compétiteurs à l'Empire qui se disputent l'Orient, l'un est un ancien ami de Galérius : si celui-là triomphe, c'est la persécution acharnée contre les chrétiens ; l'autre est l'allié et le beau-frère de Constantin : si ce dernier reste vainqueur, c'est la tolérance et la cessation des supplices. Que faire en pareil cas? Assurément, mon mari incline à la clémence ; mais il a, dans la ville, des adversaires qui le savent, qui le lui reprochent, et qui, en ameutant la multitude, le forceront à être impitoyable, fût-ce pour sa fille. Comprends-tu maintenant toutes mes alarmes?

EUPHRASIE.

Oui, madame ; mais je sais un moyen de les calmer.

ADRIENNE.

C'est là précisément le sujet dont je voulais t'entretenir. Puisque ce chrétien a pu ressusciter l'une de mes enfants, ne pourrait-il empêcher l'autre de mourir?

EUPHRASIE.

Elle ne mourra pas, madame ; je vous en réponds.

ADRIENNE.

Ce digne vieillard est ici, dans le palais, gardé par

des soldats; mais je puis te faire parvenir jusqu'à lui sans qu'on te reconnaisse. Consens-tu à faire cette démarche, à lui parler dans nos intérêts?

EUPHRASIE.

O madame, avec bonheur! Et c'est moi qui vous devrai de la reconnaissance, pour m'avoir procuré cette entrevue.

ADRIENNE.

Mais il me vient à l'esprit une réflexion que j'aurais dû faire déjà, et qui me désespère : Si ce chrétien pouvait sauver quelqu'un de la mort, ne commencerait-il point par s'en sauver lui-même?

EUPHRASIE.

Non, madame, et par le motif bien simple que les chrétiens sont avides et heureux de mourir pour leur Dieu et à son exemple.

ADRIENNE.

Est-ce possible?

EUPHRASIE.

C'est exact. Ainsi, ce supplice que vous redoutez

avec raison pour votre chère fille, avec non moins de raison je le désire pour moi.

ADRIENNE.

C'est insensé !

EUPHRASIE.

Si vous aviez notre foi, vous diriez au contraire que rien n'est plus sage ni plus logique. C'est pourquoi, sans irriter plus longtemps l'impatience et les passions du peuple, livrez-lui les deux victimes qu'il réclame ; je prendrai la place de Fausta.

ADRIENNE.

Voilà un dévouement que je ne dois pas accepter.

EUPHRASIE.

Madame, écoutez-moi bien : Si votre mari et vos deux enfants étaient condamnés à périr, ne demanderiez-vous pas, comme une grâce, de périr avec eux ?

ADRIENNE.

Oui, certes.

EUPHRASIE.

Eh bien, ce chrétien, ce vieillard dont le supplice doit aujourd'hui servir d'amusement à la foule, apprenez qu'il est mon père.

ADRIENNE.

Qu'entends-je ?

EUPHRASIE.

Oui, mon père dans un autre sens, dans un sens plus vrai que vous ne pouvez le comprendre. C'est à lui que je dois d'être chrétienne, c'est-à-dire que je dois une vie autrement précieuse que celle d'ici-bas. Jamais ses soins, sa sollicitude, sa tendresse, ses conseils et sa protection ne m'ont fait défaut. Que deviendrais-je à présent sans lui ? Madame, ah ! je ne vous demande pas de me conserver mon père, non ; mais je vous conjure de ne pas me refuser de mourir avec lui.

ADRIENNE.

Eh bien, Euphrasie, à ton tour, écoute-moi : ton père, tu vas le voir tout à l'heure ; on t'apportera le sauf-conduit à l'aide duquel tu pourras entrer dans sa prison. Prends seulement la précaution de te couvrir d'un voile, pour n'être pas reconnue. Alors, puisqu'il est ton conseiller, promets-moi de le consulter sur ces intentions que tu m'exprimes, et de ne rien faire que de conforme à ses avis.

EUPHRASIE.

Si vous saviez, madame, à quel point je lui suis soumise, vous auriez jugé inutile de m'imposer cette condition.

ADRIENNE.

A la bonne heure ! je te laisse, et vais sans retard te préparer la voie jusqu'à ton père.

EUPHRASIE.

Mille fois merci ! *(Adrienne sort par la porte de droite.)*

SCÈNE VIII.

EUPHRASIE, FAUSTA.

EUPHRASIE *(seule)*.

O mon Dieu ! de tout cœur je vous rends grâces, et

de la consolation de mourir avec mon père, et du bonheur de pouvoir, par ma mort, sauver la vie à Fausta... On vient! qui donc?... Ah! Fausta elle-même.....

FAUSTA (*entrant par la porte latérale de gauche*).

Euphrasie! tu es seule? je puis entrer?

EUPHRASIE.

Oui. Votre mère vient de sortir.

FAUSTA.

C'est que j'ai de sérieuses confidences à te faire. Sache d'abord que le chrétien est ici, dans le palais.

EUPHRASIE.

Je le sais.

FAUSTA.

Ma mère te l'a dit?

EUPHRASIE (*avec abandon*).

Elle a fait plus : elle m'a accordé la faveur de l'aller voir.

FAUSTA.

A toi ? Tu le connais donc ?

EUPHRASIE.

Mais.... que vous importe, Fausta, que je le connaisse ou non ?

FAUSTA.

Tu te caches de moi ! Cela me fait de la peine. De mon côté, je n'en persisterai pas moins à te donner toute ma confiance... je te dirai donc, bien en secret, que j'ai le désir d'être chrétienne.

EUPHRASIE.

Vous, Fausta ?

FAUSTA.

Tu vas me blâmer, sans doute, me faire des reproches...

EUPHRASIE *(se contenant)*.

Vous blâmer ! moi ! mais qui suis-je ?...

FAUSTA.

Ce désir est chez moi, si fort, si irrésistible que,

pour le réaliser, je braverais non pas seulement tes reproches, mais ceux mêmes de mon père et de ma mère. C'est que je ne saurais t'exprimer, ma chère Euphrasie, le changement qui s'est fait en moi, depuis que j'ai vu ce divin vieillard. Ce nom de chrétien qu'on lui jette à la face comme un opprobre, je le trouve noble et glorieux ; cette haine dont on le poursuit me paraît aussi détestable que louable est le patient courage avec lequel il l'affronte ; on le regarde comme un criminel, il me semble un héros ; à mes yeux le supplice qu'on lui destine est un magnanime combat, et sa mort sera une victoire remportée sur ses bourreaux. Mais comment te faire comprendre ce que je ressens au fond du cœur ? C'est le mépris de tout ce qui brille, de tout ce qui flatte, de tout ce qui séduit ; c'est la volonté de m'appliquer à être bonne, au lieu de chercher à paraître belle ; de donner, au lieu de recevoir ; de me montrer humble et douce, au lieu d'être orgueilleuse et vindicative ; de compatir aux souffrances et à l'infortune d'autrui, en m'oubliant moi-même ; que sais-je encore ? l'amour, la recherche de quelque chose de plus parfait que moi et que tout ce qui m'entoure, et à quoi je brûle de ressembler. Tout à l'heure, quand Faustine nous racontait son rêve, je ne puis te dire le transport ou j'étais : Je croyais vivre dans un autre monde plus beau que celui-ci, voir l'invisible et entrer dans ce palais céleste où ne sont admis que ceux qui ont su mériter de l'être. Or, il me semble qu'en embrassant la religion de ce vieillard, je réaliserai tout cela, et voilà pourquoi je veux être chrétienne.

EUPHRASIE.

Ce n'est pas moi, Fausta, qui m'opposerai à votre volonté.

FAUSTA.

J'attends plus de toi, Euphrasie : j'attends que tu la serves.

EUPHRASIE.

Et que puis-je faire ?

FAUSTA.

M'apprendre comment on devient ce que je veux être ; m'entends-tu ?

EUPHRASIE.

Vous l'apprendre ! mais il faudrait le savoir moi-même.

FAUSTA.

Tu le sais, oui, tu le sais ; car tu es chrétienne : je l'ai remarqué, j'en suis sûre.

EUPHRASIE.

Et à quoi l'avez-vous remarqué ?

FAUSTA.

A ta bonté, à ton dévouement, à tes vertus. Ose me démentir !

EUPHRASIE.

Je démentirai les preuves que vous invoquez, mais je ne démentirai pas le fait ; il est vrai, Fausta, je suis chrétienne.

FAUSTA.

Pourquoi me l'as-tu caché si longtemps ?

EUPHRASIE.

Pour ne pas tromper la confiance de votre mère, qui ne m'eût jamais permis de vous le dire.

FAUSTA.

C'est juste. Mais, à présent, sans plus dissimuler ni tarder, apprends-moi ce qu'il faut faire pour être de cette religion ; et, s'il est en ton pouvoir de m'y admettre, ne me le refuse pas, aussitôt que tu pourras m'en juger digne.

EUPHRASIE.

Ce pouvoir ne m'appartient pas ; il n'appartient qu'aux ministres que s'est choisis le Dieu que nous servons.

FAUSTA.

Et le vieillard que tu dois visiter est-il un de ces ministres ?

EUPHRASIE.

Oui, et l'un des principaux.

FAUSTA.

Alors permets que je le visite avec toi.

EUPHRASIE.

C'est impossible : le sauf-conduit qui doit m'être remis n'est que pour une seule personne.

FAUSTA.

Quel malheur ! Et tu ne peux, en aucune façon, me ménager le moyen de le voir ?

EUPHRASIE.

A vous dire vrai, je le pourrais ; et si j'hésite à m'y résoudre, Dieu m'est témoin que ce n'est point à cause du sacrifice et de la privation qu'il m'en coûtera, mais uniquement à cause des orages et des dangers que cela ne peut manquer d'attirer sur votre tête. Que diront vos parents, quand ils sauront que vous êtes chrétienne ?

FAUSTA.

Et que dira ton Dieu, si, ayant l'heureuse occasion de me convertir à lui, je n'en ai pas profité, parce que tu ne l'auras pas voulu ?

EUPHRASIE (se recueillant).

Seigneur ! éclairez-moi, inspirez-moi ! (Moment de silence.)

FAUSTA.

Eh bien, hésites-tu encore ?

EUPHRASIE.

Non, Fausta, je n'hésite plus. Vous irez, à ma place, voir le ministre du vrai Dieu, l'évêque de Nicomédie ; et, mieux que moi, il saura juger s'il convient de vous admettre à la foi chrétienne. Ne perdons pas de temps (*Elle prend un voile parmi les étoffes*) : Couvrez-vous de ce voile, ou plutôt laissez-moi vous en couvrir (*Elle voile le visage de Fausta*). Votre mère m'a dit qu'il ne fallait pas que je fusse reconnue ; à plus forte raison ne faut-il pas que vous le soyez vous-même.

FAUSTA.

Ma chère Euphrasie, je te devrai plus que la vie! (*On frappe quelques coups à la porte de droite.*) Qu'est-ce que ce signal ?

EUPHRASIE (*bas à Fausta*).

C'est le sauf-conduit qu'on apporte. Allez vous-même, et prenez-le, puis suivez..... Ah! que Dieu vous protége! (*Fausta sort.*)

SCÈNE IX.

EUPHRASIE (*seule*).

N'ai-je pas eu tort de consentir ? Jamais je ne me suis senti l'âme aussi pleine de trouble et d'inquiétude... Si Fausta venait à rencontrer sa mère, ou à être reconnue ?... ou bien encore si, pendant qu'elle est avec lui, on venait arrêter le martyr ?... Que de périls dans cette démarche, et quelle responsabilité pèse sur moi!... Et puis, j'y songe, l'engagement que j'avais pris de consulter mon père et de ne marcher à la mort que s'il y consentait..... cet engagement, comment le tenir ?... A la question qui va m'être adressée sur ce qu'il a décidé, je ne pourrai répondre que par un mensonge. Comment vais-je sortir de ces difficultés?... (*Se ravisant.*) Comment? Mais de la façon qu'il vous plaira, mon Dieu ! Vous m'êtes témoin que je n'ai eu, en tout ce qui s'est passé, que de droites intentions ; que, si j'ai cédé à Fausta, je ne l'ai fait, à mon propre préjudice, que par amour pour son âme et par zèle pour votre gloire... Alors, quel sujet aurais-je de me troubler ? Aucun. Que puis-je craindre ? Rien, puisque j'ai fait ce qui m'a paru être mon devoir. Après tout, il n'adviendra, Seigneur, que ce que vous voudrez ou permettrez. Or, votre volonté, je l'aime et je m'y soumets de tout mon cœur. A la bonne heure ! Voici que mon âme a recouvré le calme, la confiance... A présent, je me sens forte et prête à tout événement (*Elle remonte la scène*). J'entends venir... Est-ce Fausta ? N'est-ce pas plutôt... Qu'importe !

SCÈNE X.

FAUSTA, EUPHRASIE.

FAUSTA (*entrant précipitamment et déposant son voile*). Euphrasie ! Je suis chrétienne !

EUPHRASIE.

Dieu soit loué !

FAUSTA (*l'embrassant*).

Laisse-moi d'abord t'embrasser, et te dire que jamais je n'oublierai le service que tu viens de me rendre.

EUPHRASIE.

Vous ne me devez rien, mais tout à Dieu.

FAUSTA.

Ah ! ne me dis plus *vous*, mais *toi*, comme à une sœur, comme à une égale... car je suis ta sœur... ô bonheur ! songe donc ! je suis chrétienne !

EUPHRASIE.

A ce titre, Fausta, je vous aimerai certainement davantage et, si vous le voulez, comme une sœur ; mais il serait impossible à l'esclave de ne pas conformer son langage au respect qu'elle doit à la fille de ses maîtres.

FAUSTA.

Alors, et à plus forte raison, la néophyte saura conformer le sien au respect qu'elle doit à son aînée dans l'Eglise ; toutefois, quoi qu'il y ait moins de familiarité dans mon langage, ne doutez pas, Euphrasie, que je ne vous aime tout autant. Mais laissons ce sujet, et parlons d'un plus grave. Avant tout, je dois vous dire, de la part de notre père vénéré, qu'il a été touché de votre dessein de le visiter dans sa prison, et qu'il apprécie et approuve le sacrifice que vous avez fait en m'envoyant à votre place.

EUPHRASIE.

Que Dieu le récompense de cette bonne parole ! Son suffrage m'est précieux. Mais, Fausta, parlez-moi de vous, de ce qui s'est passé.

FAUSTA.

Il a daigné approuver aussi ma démarche et, après m'avoir, en un sublime discours que Dieu m'a fait la grâce de comprendre, enseigné et inculqué la foi, sans tarder davantage, il m'a baptisée ; après quoi, prenant un linge précieux qu'il tenait caché, il en tira le pain du ciel, le pain des forts, le rompit en deux parts, l'une pour lui, l'autre pour moi, et, dans un même désir de la vie éternelle et un égal mépris de la mort, nous avons communié ensemble au corps vivant du Seigneur. Cela fait, il m'a encouragée à tout souffrir pour l'amour de Jésus-Christ, et nous nous sommes séparés, avec l'espoir de nous retrouver bientôt, peut-être dans les supplices, à coup sûr dans le ciel.

EUPHRASIE.

Quant aux supplices, chère Fausta, j'espère que vous y échapperez.

FAUSTA.

Et moi, j'ai quelque raison d'espérer le contraire. Voici pourquoi : comme je sortais de la prison, ma mère elle-même, qui m'attendait au passage, ma mère s'offre à moi...

EUPHRASIE.

O ciel !

FAUSTA.

Grâce à mon voile, elle ne m'a pas reconnue... Me prenant donc pour toi, elle me dit à voix basse ces paroles rapides : « Impossible d'apaiser la foule... celle qui a secouru le chrétien doit mourir avec lui... on court déjà à l'amphithéâtre... Ton père a-t-il prononcé ? quelle sera la victime ?... Euphrasie, ou ma fille ?... »

EUPHRASIE.

Et vous avez répondu...

FAUSTA.

J'ai répondu : « Ce sera moi. » — Et je me suis éloignée.

EUPHRASIE.

Vous avez répondu en mon nom.

FAUSTA.

Pas du tout, mais au mien.

EUPHRASIE.

A Dieu ne plaise que vous alliez vous-même à la mort !

FAUSTA.

A Dieu ne plaise que je laisse expier à une autre le crime qu'on me reproche.

EUPHRASIE.

Mais ce n'est pas un crime, Fausta, c'est une bonne action.

FAUSTA.

Alors ne m'empêchez pas, Euphrasie, d'en recevoir la récompense.

EUPHRASIE.

Fausta, vous savez combien vos parents vous aiment ; se peut-il que vous ne craigniez pas de leur causer un tel deuil ?

FAUSTA.

J'obtiendrai de notre Seigneur qu'il les convertisse, et alors ils s'estimeront heureux et honorés de mon martyre.

EUPHRASIE.

Mais réfléchissez que votre mère ne m'a ménagé, avec notre évêque, cette entrevue dont vous avez profité, qu'à la condition que c'est moi qui irais au supplice. Vous ne devez ni me faire manquer à mon engagement, ni tromper l'espoir de votre mère.

FAUSTA.

Ma mère a pu céder à un mouvement d'égoïsme maternel, en exigeant de vous cette condition. Mais vous n'auriez pas plus tôt donné votre vie pour sa fille, qu'il lui viendrait des remords et que son âme en serait irréparablement tourmentée. Permettez donc qu'avant tout je sauvegarde la conscience et la tranquillité d'âme de ma mère.

EUPHRASIE.

Si vous persistez à mourir, Fausta, ce sera bien inutilement, car on ne demande qu'une victime, et il y en aura deux.

FAUSTA.

Comment cela ?

EUPHRASIE.

Je suis bien déterminée, ne pouvant vous sauver, à mourir avec vous.

FAUSTA.

En ce cas, Euphrasie, ce n'est pas ma mort, mais la vôtre qui serait inutile. Et, s'il y a devoir, pour tout chrétien, de donner avec empressement sa vie quand Dieu la lui demande, ce n'est pas pour lui un moindre devoir de la conserver, quand Dieu ne la lui demande pas.

EUPHRASIE.

Comment pourrais-je supporter et le regret de votre perte et les reproches de votre mère ?

FAUSTA.

Vous les supporterez pour obéir à Dieu, et avec autant et même, s'il le faut, avec plus de courage que moi je supporterai mon supplice.

EUPHRASIE.

Mon parti est pris, et n'essayez pas de m'en faire changer ; vous ne réussiriez pas mieux avec moi que je n'ai réussi avec vous.

FAUSTA.

Vous avez tort, car votre vie ne vous appartient pas.

EUPHRASIE.

Votre mère, à qui ma vie appartient, m'a autorisée à la donner pour l'amour de vous.

FAUSTA.

Votre vie est surtout à Dieu.

EUPHRASIE.

Je dirai à Dieu : « Seigneur, puisqu'elle n'a pas voulu que je vinsse pour elle, au moins je viens avec elle. » Et Dieu me pardonnera.

FAUSTA.

Ainsi, vous êtes décidée...

EUPHRASIE.

Irrévocablement.

FAUSTA.

Alors, victime volontaire, laissez-moi vous parer pour le sacrifice. Il convient qu'étant sœurs en Jésus-Christ, nous soyons vêtues de même, pour paraître devant les hommes (*Elle prend une robe blanche et la lui met*).

EUPHRASIE.

Je suis confuse vraiment de recevoir de vous de pareils soins.

FAUSTA (*continuant à l'habiller*).

Vous me les avez rendus si longtemps qu'à mon tour je puis bien vous les rendre une fois... Maintenant, cette ceinture...

(*On entend une grande rumeur venant du dehors*).

EUPHRASIE.

Entendez-vous? Qu'est-ce que cette rumeur?

FAUSTA (*allant à la fenêtre*).

C'est le peuple qui attend les victimes, et marque ainsi son impatience... L'escorte de soldats est déjà dans la cour du palais, et les licteurs sur le seuil... (*Revenant auprès d'Euphrasie.*) Hâtons-nous... Ah! et votre coiffure... Tenez, asseyez-vous sur ce fauteuil... je m'en tirerai mieux.

EUPHRASIE (*refusant*).

Qu'importent ces apprêts ?...

FAUSTA.

Comment! Qu'importe?... Et si ce peuple, oubliant sa férocité, allait dire, en nous voyant vous et moi, qu'il ne veut que l'une des deux, et qu'il choisit la plus belle... Ne voulez-vous pas être choisie?

EUPHRASIE (*s'asseyant*).

Alors, parez-moi autant que vous voudrez...

FAUSTA.

A la bonne heure! soyez bien patiente... laissez-moi faire à mon aise... et surtout ne bougez pas... (*Elle va activement de la table où sont les étoffes au fau-*

teuil où est Euphrasie, et paraît fort affairée). Vous devez trouver que je suis bien maladroite, n'est-il pas vrai? et que je n'avance à rien?... patientez encore... (*Se plaçant devant elle.*) Attendez, que je vous regarde... Ce n'est pas mal, mais il y a encore là quelque chose qui jure, et qu'il faut corriger... Restez toujours... (*A part, en remontant la scène.*) Et ces licteurs qui ne viennent pas! (*Elle redescend près d'Euphrasie, et se tient derrière le fauteuil.*) Si vous voulez m'en laisser le temps, soyez sûre que j'atteindrai mon but... (*On entend frapper trois coups à la porte du fond.*)

EUPHRASIE (*voulant se lever*).

C'est le signal! Voici les licteurs... Permettez...

FAUSTA (*Aussitôt qu'on a frappé, elle a mis chacune de ses mains sur les épaules d'Euphrasie pour l'empêcher de se lever*).

Ne vous levez pas, Euphrasie... aussi bien, vous l'essaieriez en vain. Dieu ne vous demande pas votre vie : c'est pourquoi, de peur que vous ne la lui donniez à tort, je viens de vous lier à ce fauteuil... Maintenant, adieu! adieu sur la terre! et au revoir dans le ciel (*Elle sort précipitamment*).

SCÈNE XI.

EUPHRASIE puis ADRIENNE.

EUPHRASIE (*Elle fait d'inutiles efforts pour se dégager de ses liens*).

Fausta! Ah! de grâce!... Elle a disparu, elle est aux mains des licteurs... (*On entend une grande clameur.*) Ces cris... Ce sont ceux du peuple qui témoigne sa joie d'avoir sa victime!... Et moi... impossible de me dégager... impossible! O mon Dieu! C'est trop de malheur! (*Elle fond en larmes.*)

ADRIENNE (*à part, en entrant par la droite*).

Fausta est sauvée! Ah! Dieu des chrétiens, pardonne-moi d'avoir abusé du dévouement de l'une de tes filles pour sauver la mienne! (*Descendant la scène.*) Ces sanglots que j'entends... qui donc... (*Euphrasie lève la tête et regarde en entendant venir.*) Horreur! Euphrasie!

EUPHRASIE (*en pleurs*).

Oui, madame.

ADRIENNE.

Et Fausta!... C'est elle qu'on emmène au supplice!

EUPHRASIE.

Oui, madame.

ADRIENNE (*en délire*).

Ma fille! Mais c'est une méprise... Mais elle n'est pas chrétienne... Elle va sacrifier aux dieux... Arrêtez!... attendez!...

EUPHRASIE (*avec calme*).

Madame, c'est vous qui vous méprenez : Fausta est chrétienne...

ADRIENNE.

Tu mens. Elle m'a dit elle-même aujourd'hui qu'elle ne savait pas ce que c'est que d'être chrétienne.

EUPHRASIE.

Elle l'est d'aujourd'hui. C'est elle qui est allée, à ma place, visiter le chrétien dans sa prison.

ADRIENNE.

Mais alors, toi, tu m'as donc trahie; et tu l'avoues,

comme pour me braver ! Ah ! prends garde ! L'occasion est belle pour me venger, pour te punir... Sur-le-champ, je puis te faire conduire à l'amphithéâtre !

EUPHRASIE.

Madame, veuillez seulement détacher ces liens qui me retiennent et, sans qu'il soit besoin que vous m'y fassiez conduire, j'y courrai moi-même.

ADRIENNE (*regardant*).

Ces liens ?... en effet !... qui t'a ainsi attachée ?

EUPHRASIE.

Fausta, pour m'empêcher d'aller mourir avec elle.

ADRIENNE.

Que me dis-tu ?

EUPHRASIE.

N'ayant pu obtenir qu'elle me laissât prendre sa place, je voulais du moins partager son supplice... et, sous prétexte de me parer comme on pare une victime, elle m'a fait asseoir ici et m'y a enchaînée.

ADRIENNE (*avec réflexion*).

Il ne faut pas que le malheur m'égare ni me rende

injuste : Je te crois. Cette sincérité dans tes paroles, es pleurs, ces liens qui te tiennent captive, tout me prouve, Euphrasie, que je viens encore une fois de te méconnaître. Aussi, sois sans crainte, et, si tristement qu'elles aient échoué, je saurai récompenser tes bonnes intentions... Tu n'es plus esclave : Je te fais libre.

EUPHRASIE.

Vous me faites libre, dites-vous, et je puis disposer de moi. Alors veuillez, je vous prie, me délivrer de ces insupportables entraves, afin que je puisse, sans retard, user de ma liberté.

ADRIENNE (*passant derrière le fauteuil et dénouant les nœuds*).

Qu'à cela ne tienne ! Ce sera bientôt... c'est déjà fait.

EUPHRASIE (*se levant*).

Ah ! merci !... Permettez... (*Elle se dirige vers la porte du fond*).

ADRIENNE.

Où vas-tu ?

EUPHRASIE.

Essayer encore de sauver Fausta, et, s'il n'est plus temps, mourir comme elle (*Elle sort*).

SCÈNE XII.

ADRIENNE, puis FAUSTINE.

ADRIENNE (*seule*).

Fausta chrétienne ! Fausta condamnée à périr par la dent des tigres, dans l'amphithéâtre, sous les yeux de son père, qui croit que ce n'est que l'esclave, et qui verra d'un œil sec couler le sang de sa fille ! Ah ! n'est-ce pas un affreux rêve ?... Et mon autre enfant, Faustine, qui est morte, ce matin, dans mes bras... Ah ! n'est-ce pas une vaine illusion, un rêve encore, si j'ai cru depuis la revoir vivante et entendre sa voix ?...

FAUSTINE (*entrant par la porte latérale de gauche*).

Mère ! Ah ! c'est toi... Tant mieux !

ADRIENNE (*courant à elle et l'embrassant*).

Faustine ! elle vit, elle me reste !... Oh ! viens, j'avais besoin de te voir !

FAUSTINE.

Et moi aussi, je te cherchais. Jamais je ne t'ai moins vue qu'aujourd'hui... Est-ce que tu n'es pas heureuse de ma guérison ?

ADRIENNE (*l'embrassant de nouveau*).

Chère enfant, que me dis-tu là?... Oh ! j'en suis plus heureuse que tu ne peux le penser !

FAUSTINE.

Alors, pourquoi pleures-tu ?

ADRIENNE.

Je pleure ? tu te trompes...

FAUSTINE.

Vois plutôt. En m'embrassant tu m'as trempé tout le visage de tes larmes. Mère ! si je t'ai fait de la peine, gronde-moi ; mais ne pleure pas.

ADRIENNE.

Tu ne m'as fait aucune peine... au contraire.

FAUSTINE.

C'est donc Fausta ? Où est-elle ? Ni moi non plus,

je ne suis pas contente d'elle... après n'avoir joué avec moi qu'à contre-cœur, elle s'est esquivée, et je ne l'ai pas revue... Cependant ne la gronde pas trop.

ADRIENNE.

Sois tranquille.

FAUSTINE.

Ah ! voici que tu pleures encore, et de plus grosses larmes... Est-ce qu'à son tour Fausta serait malade?...

ADRIENNE (*sanglotant et se couvrant le visage*).

Enfant ! je t'en conjure, ne me parle pas ainsi de Fausta.

FAUSTINE (*se mettant à genoux devant Adrienne*).

Mère, si Fausta t'a offensée et t'a fait de la peine, je te demande grâce pour elle, pardonne-lui...

ADRIENNE (*la relevant*).

Oui, à ta prière, je lui pardonne.

SCÈNE XIII.

LES MÊMES, EUPHRASIE.

EUPHRASIE (*entrant tout essoufflée et pouvant à peine parler*).

Madame !... sauvée !... Fausta est sauvée !

ADRIENNE.

Euphrasie ! Ah ! épargne-moi, et ne me rends pas un espoir trompeur... tu veux dire que le supplice est différé ?...

EUPHRASIE.

Non, madame, non, le supplice est supprimé. Le sang des chrétiens ne coulera plus.

ADRIENNE.

Qu'est-ce à dire ? explique-toi.

EUPHRASIE.

En approchant des arènes, j'étais étonnée de n'entendre ni les clameurs ni les applaudissements accoutumés. Pourquoi, me disais-je, ce morne silence ?

J'entre et je regarde : Les deux martyrs étaient à genoux, se tenant par la main ; deux énormes tigres, qu'on avait lâchés pour les dévorer, étaient venus, comme deux agneaux, se coucher devant eux, et ils semblaient prêts plutôt à les défendre qu'à les attaquer. Le peuple était muet de stupeur. Un signal ordonne de faire rentrer les bêtes. Tout à coup, la trompette se fait entendre et un héraut vient annoncer, au nom des deux empereurs, Constantin vainqueur de Maxence, et Licinius vainqueur de Maximin Daia, que l'ère des persécutions est close et que la religion chrétienne a droit de cité dans tout l'empire. A cette nouvelle, des cris d'allégresse éclatent de tous côtés. En un clin d'œil, l'arène est pleine de monde : Ce sont des chrétiens et des chrétiennes qui viennent féliciter et embrasser les martyrs. Le Préteur vient lui-même ; mais quel est son étonnement de reconnaître sa fille, et sa joie de la retrouver saine et sauve ! Il offre l'hospitalité dans son palais à notre évêque, et, pour le garantir de toute insulte, il lui présente l'appui de son bras. Fausta, de son côté, est entourée et escortée par des vierges chrétiennes qui vous la ramènent en triomphe. Je les ai devancées, mais pas de beaucoup, car, écoutez, entendez-vous ces chants?...

(*On entend dans le lointain un chœur dont les chants vont toujours se rapprochant*).

Air du *Triomphe de Judas Macchabée*.

>Chantons la victoire,
>Chantons le Seigneur!
>Célébrons la gloire
>De Jésus vainqueur.

ADRIENNE (*avec enthousiasme*).

O Jésus vainqueur, qui me rendez ma fille, désormais vous serez mon Dieu !

(*Le chœur reprend, et des jeunes filles, toutes voilées de blanc, entrent sur la scène et se rangent en cercle, précédant Fausta*).

SCÈNE XIV.

ADRIENNE, EUPHRASIE, FAUSTINE, FAUSTA, CHŒUR DE JEUNES FILLES.

FAUSTA (*elle porte aussi un voile, et on lui a mis sur la tête une couronne de laurier d'or*).

Ma mère ! (*en se jetant dans ses bras.*) Ah ! pardonnez

moi toute la peine que je vous ai causée !... Ce sera, je l'espère, la dernière que je vous causerai de ma vie.

ADRIENNE (*l'embrassant*).

Ma fille ! je n'ai point à te pardonner, mais beaucoup à te féliciter et à te remercier. Nous tous, c'est à toi que nous devrons notre salut en Jésus-Christ.

FAUSTA (*avec reconnaissance*).

O Jésus-Christ ! ô mon Dieu ! Que vous êtes miséricordieux ! que je vous dois d'amour et de reconnaissance !

EUPHRASIE.

Voici l'évêque martyr amené par le Préteur ! (*On entend l'air du cantique, joué par des trompettes.*)

(*Tout le monde s'agenouille, comme pour recevoir la bénédiction de l'évêque : Faustine auprès d'Euphrasie, à qui elle donne la main depuis le commencement de la scène, Adrienne auprès de Fausta.*

(*La toile tombe.*)

L'ANGE GARDIEN

MYSTÈRE EN UN ACTE.

PERSONNAGES :

LOUISE.
CLAIRE.
GENEVIÈVE.

L'ANGE (Amélie).
L'APPARITION.
LE CHŒUR.

L'action se passe en Bretagne, au bord de la mer.

La scène représente un paysage. A la gauche du spectateur, au fond, la mer et le port, qu'on ne voit pas. Une rue y conduit. A droite, au fond, la porte d'un couvent. Tout le fond est fermé par une muraille derrière laquelle de la verdure et des arbres : c'est le parc du couvent. A droite, au second plan, une issue qui amène sur la scène. A gauche, au même plan, quelques rochers et des arbres formant une sorte de berceau.

SCÈNE I.

UN MOUSSE ET LE CHOEUR.

(*Toute cette scène se passe au dehors. On entend le sifflet du commandant. Aussitôt après, une voix répète le commandement*) :

En haut, les gabiers ! (*Intervalle de silence.*)

Deuxième coup de sifflet, plus prolongé que le premier, et même voix répétant le commandement :

Ohé ! à la hune ! hissez le mât ! (*Intervalle de silence.*)

Troisième coup de sifflet, encore plus prolongé. Voix répétant le commandement :

Aux voiles !... largue, largue, carguez !

LA MÊME VOIX.

Hé ! là-haut ! petit mousse, ne te tiens pas à rien faire. Chante au moins ta chanson.

LE MOUSSE.

Et le capitaine, qu'est-ce qu'il dira ?

UNE AUTRE VOIX.

Le capitaine permet.

LE MOUSSE.

Merci. — En avant la musique !

Air de *Zampa* : *Gente jouvencelle.*

Que de l'onde amère
La brise légère

Prolonge le repos ;
Ou que la tempête
Contre nous s'apprête
A soulever les flots,
Rien ne nous arrêtera :
Le navire,
Qu'on admire,
Triomphant au port arrivera. (*Le chœur répète.*)

Un nouveau coup de sifflet : Voix répétant le commandement :

Tous les matelots à la manœuvre ! — (*Au mousse*). — Hé ! là-haut, continue.

LE MOUSSE.

En quel lieu du monde
Que nous porte l'onde,
Je veux (c'est mon bonheur)
Graver sur la pierre
Le nom de ma mère,
Seul nom doux à mon cœur.
Partout chacun le lira :
O Marie,
Tant chérie,
Partout chacun vous invoquera ! (*Reprise du chœur.*)

(*Un roulement de tambour*).

VOIX FORTE.

Demain, six heures du matin, départ du navire l'*Eldorado* pour la Californie.

SCÈNE II.

LOUISE, PUIS CLAIRE, PUIS GENEVIÈVE.

LOUISE (*entrant en scène par le fond, à gauche*).

Quel contretemps ! demain seulement... au lieu de ce soir... (*se résignant*). Enfin !...

CLAIRE (*entrant précipitamment par le deuxième plan à droite*).

Pardon, n'est-ce pas là que stationne le navire en partance ?

LOUISE.

Oui, pour San-Francisco.

CLAIRE.

Ce soir ?

LOUISE.

Non, demain matin, à six heures.

GENEVIÈVE (*qui est arrivée par le fond et qui a entendu*).

Vous en êtes sûre, mademoiselle ?

LOUISE.

Parfaitement sûre; et c'est un retard qu'il me faut subir moi-même.

GENEVIÈVE.

Et moi comme vous.

CLAIRE.

Et moi de même.

LOUISE.

Enchantée, mesdemoiselles, de vous avoir pour compagnes de voyage... et de malheur!... car, comme moi, sans doute, vous allez chercher fortune?

CLAIRE.

Moi, je me sauve de prison.

GENEVIÈVE.

Moi, je n'ai de gîte nulle part; peut-être en trouverai-je un au bout du monde.

LOUISE.

Trois histoires à raconter. Pour mériter votre

confiance, je dois d'abord vous dire la mienne ; écoutez donc :

Couturière, à 40 centimes par jour, il m'eût fallu du temps pour devenir millionnaire. Je veux l'être. Dernièrement, j'ai lu qu'il existe un pays, la Californie, où l'or se ramasse à la pelle. J'irai jusque-là, me suis-je dit, et j'en reviendrai riche. Mes petites économies suffiront juste pour payer le voyage. (*Avec émotion*). Mais je pars avec deux regrets au cœur : Le regret de quitter ma mère... ô ma mère, si je vous quitte, c'est parce que je vous aime et, au retour, afin de vous établir dans un palais. L'autre regret... devinez : C'est la sainte Vierge. Oui, tous les samedis et les veilles de fête, j'avais la charge de parer son autel... c'était la joie de ma vie... hélas ! je ne l'aurai plus ! Que dis-je ? riche bientôt, je lui bâtirai un temple magnifique, où jamais autre que moi n'aura soin de son autel.

CLAIRE (*parole prompte, récit embrouillé*).

Pour moi, je n'ai ni l'imagination remplie de si beaux rêves, ni le cœur tourmenté par de si tendres regrets. Voici mon histoire : J'étais au couvent. D'abord je dois vous dire qu'on m'y persécutait... toujours à me surveiller... toujours des reproches : tête vive !... paresseuse !... écervelée !... bref, l'autre jour, on me punit injustement. Jugez plutôt : c'était pendant l'étude : Vous causez, me dit-on. Et vrai, je ne causais pas... en ce moment-là. La preuve, c'est que j'étais occupée à manger des bonbons, que m'avait passés ma voisine, du baptême de sa petite sœur. Or, vous en conviendrez, quand on a la bouche pleine, on ne peut pas... donc, je ne causais pas. C'est égal, on me punit. Je crie à l'injustice. On double la punition. Soit ! triplez-la. C'est ce qu'on fait. Vous comprenez qu'il n'y avait plus moyen d'y tenir. Aussi, ce matin, voyant la porte ouverte, je m'esquive... et me voilà. Je pars avec vous.

LOUISE.

Comment ! les fatigues, les privations, les horribles inconvénients d'un long voyage en mer, plutôt que de subir une petite punition !...

CLAIRE.

Dites, s'il vous plaît, mademoiselle, une grosse et intolérable injustice...

LOUISE.

Mais les frais du voyage ?

CLAIRE.

Vous m'y faites songer... tout à l'heure, en m'en parlant, vous m'avez donné un peu d'inquiétude. Est-ce bien plus cher qu'une course d'omnibus ?

LOUISE.

Ah ! ah ! c'est aussi cher qu'une année de pension au couvent.

CLAIRE.

C'est égal ; ça ne m'arrêtera pas. Je connais le nom du capitaine ; il est mon parent. Je demanderai à le voir, et, me cachant en quelque coin, j'attendrai qu'on soit en pleine mer. Alors, je me montrerai et il faudra bien que mon parent me garde ; il ne se débarrassera pas de moi en me jetant aux requins.

GENEVIÈVE.

A moi de parler. Mon récit sera bien court. Je suis orpheline. Un frère de mon père, un vieux marin, mon seul parent, me mande auprès de lui, à San-Francisco. J'ai bien hésité ; mais, plutôt que de vivre isolée et sans appui, je me décide à le rejoindre.

CLAIRE.

A merveille ! Nous voilà trois ; formons une petite communauté, associons-nous. Donc, nous faisons bourse commune.

LOUISE (*souriant à Claire*).

Quelle part y apporterez-vous ?

CLAIRE.

Ma part de dépense. Voyons d'abord : qui se charge du souper ?

GENEVIÈVE.

Et du gîte, jusqu'à demain matin ?

LOUISE.

Rien de plus simple. Nous nous priverons de souper ; et cette nuit, nous la passerons ici.

CLAIRE.

Y songez-vous ? Quand on est à jeun, et qu'on

n'a fait que courir, depuis ce matin!... il faut que je l'avoue, le remords de ma conduite me déchire..... l'estomac.

GENEVIÈVE.

Et puis ce n'est vraiment pas prudent de passer la nuit en plein air, au bord de la mer surtout... l'air est si vif!...

LOUISE.

Mes chères compagnes, si vous ne savez pas mieux souffrir, je vous conseille de renoncer à vos projets de voyage (*On entend le son d'une cloche*). Qu'est-ce que cela ?

CLAIRE (*s'animant*).

La cloche d'un couvent... Je m'y connais. (*Avec effroi*) : Comment ! un couvent, ici !

GENEVIÈVE.

Tout à côté; vous en voyez les murs et la porte. On y est très-hospitalier.

CLAIRE.

Dire que cette cloche a sonné le souper. Heureuse cloche! ou plutôt heureuses celles qu'elle réunit maintenant à table! Une idée! Si nous allions là, demander le pain et le logement?

GENEVIÈVE.

Excellente idée, à laquelle je me range, pour ne pas dormir en plein air!...

CLAIRE.

Et n'avoir pas le ciel de là-haut pour ciel de lit (*A Louise*): Vous ne dites rien ; donc, vous consentez. (*Se dirigeant vers le couvent*): Hâtons-nous.

LOUISE.

Vous irez sans moi. Je reste.

CLAIRE.

Et votre dîner?

LOUISE.

Je m'en passerai.

CLAIRE.

Vous êtes bien heureuse de n'avoir besoin que de vos chimères pour vous régaler.

GENEVIÈVE.

Mais où passerez-vous la nuit?

LOUISE.

Ici.

CLAIRE.

C'est juste. N'a-t-elle pas ses châteaux en Espagne pour se loger? Chacun son goût. Vous ne nous en voulez pas de ce que nous suivons le nôtre? (*Louise fait signe que non.*) Donc, à demain matin.

LOUISE (*les reconduisant*).

A demain! Six heures! N'oubliez pas! (*Après que les deux jeunes filles sont sorties* :) Cette démarche, je me la serais reprochée comme indiscrète... et puis, j'aime mieux rester à portée du navire; j'aurais trop peur qu'il ne partît sans moi.

SCÈNE III.

LOUISE (*seule*).

(*On entend dans le lointain le chant d'un cantique.*) Qu'entends-je?... des chants... (*Elle écoute. — Après le premier couplet:*) Que ces chants sont doux et pieux ! Ils me recueillent et me font du bien (*Elle se met à genoux*). Qu'ils soient ma prière du soir ! (*Deuxième couplet du même cantique.*) C'est fini !... (*Elle se relève.*) Maintenant, il faut pourvoir au moyen de passer la nuit... (*Elle va au berceau de verdure:*) Pauvre oiseau délaissé et tremblant, voici un nid que la Providence semble avoir tout exprès disposé pour toi (*Elle s'y blottit*).

Elle avait bien besoin, vraiment, cette échappée du couvent, de me tant parler de sa faim et de son appétit... on dirait que cela est contagieux... Je n'y songeais pas, mais, en l'écoutant, je me sentais peu à peu prise du même mal... C'est que, depuis mon léger repas de ce matin, j'ai marché longtemps, et de longues heures se sont passées... Sur pied dès le point du jour, après avoir cheminé quelques heures, je partageai avec un pauvre mes dernières provisions... Ce soir, me disais-je, je souperai à bord... Le soir est venu... même la nuit... Dieu ! qu'il fait sombre ! et que je me sens seule ici !... Partagée entre la faim et la peur, que vais-je devenir ? Bon ! pour n'avoir plus peur, fermons les yeux... pour n'avoir plus faim, dormons... Le proverbe dit : Qui dort dîne.

O mon ange gardien ! à vous, je vous demande d'apaiser ma faim. Et vous, très-bonne et très-sainte Vierge, je vous supplie de protéger ma peur...

Air : *Ma belle nuit, oh ! sois plus lente* (Félicien David, *le Désert*).

Rendez la nuit moins effrayante,
Doux pensers, dont mon cœur s'enivre ;
En songe, au moins, sois-moi présente,
Fortune, que je vais poursuivre !

Je cède à ta force accablante,
O sommeil ! à toi je me livre.
Quand de faim je tombe mourante,
Je vais manger en rêve et vivre.

SCÈNE IV.

L'ANGE (Amélie), LOUISE (*endormie*).

(*Quand Louise est endormie, la musique continue la même mélodie. Amélie entre par le fond, venant du couvent. Elle tient dans sa main une corbeille, s'avance doucement, vient près de Louise, la regarde*).

L'ANGE (*à voix basse*).

Elle dort ! Alors je puis librement remplir mon petit ministère.

(*Il dépose sa corbeille et découvre une lanterne-sourde.
La scène s'illumine*).

Servons-lui son dîner, près d'elle.

Air : *Le trouble et la frayeur dont mon âme est atteinte* (Domino noir).

Tu n'avais pas voulu qu'au voisin monastère
On te rendît service et l'on te fît du bien ;
Mais il vient te dresser sa table hospitalière ;
Tu dors, tu n'en sauras rien.

(*Il tire successivement de la corbeille tout ce qu'elle contient*).

Mettons de l'ordre à disposer tout cela : d'abord, les choses solides... Pauvre sœur ! sa respiration est plaintive... elle souffre... de la faim, sans doute... Maintenant, les friandises... il en faut bien, pour la récompenser de son jeûne... les gâteaux, et le reste... C'est cela !... Tout y est-il ? Ah ! et de quoi boire ! j'oubliais... Autrement, tous ces dons ne serviraient qu'à l'étouffer. Cette fois tout est prêt.

(*Regardant Louise, mais parlant à voix basse et sans l'éveiller*).

Vous êtes servie, ma bonne et chère demoiselle !

Même air.

Hé quoi! servie ainsi! comme on sert une reine!
— Oui. — Mais qui donc s'est fait ton ange et ton soutien?
— Qui? tu l'ignoreras, et ce sera ta peine :
  Tu dors, tu n'en sauras rien.

Maintenant, cachons-nous, et éveillons-la.

(*L'Ange se cache derrière le feuillage et frappe dans ses mains. La musique s'arrête en même temps et brusquement*).

LOUISE (*s'éveillant en sursaut*).

Hé! qu'y a-t-il? Qu'est-ce donc qui m'a éveillée? Quel dommage! J'étais en face d'un festin superbe, et tout autour de moi... (*elle regarde et voit tous les apprêts*). Hein! que vois-je? il paraît que je rêve encore... C'est étrange! pourtant, je me sens bien éveillée... (*Elle se dresse.*) Est-ce possible? Je rêve que je suis éveillée. Et ces objets, je rêve donc que je les vois... (*elle y met la main*) que je les touche... (*elle y goûte*) que je les mange... Soit! continuons à rêver... (*elle mange.*) Le rêve est excellent, et plein de douceur.

Je n'y puis croire... ou bien suis-je transportée

au pays des Fées ?... ah ! mon Dieu ! Tout cela est peut-être diabolique... Je n'y toucherai plus. Non, non. Qui sait ? Ces belles et bonnes choses, venant du démon, donc elles sont empoisonnées. O mon bon ange, soutenez-moi ; forte est la tentation, grande est ma faim... mais je ne veux pas pécher.

L'ANGE (*de l'endroit où il est caché*).

Enfant, ne crains pas, mange ; Dieu a eu pitié de toi : ces dons te viennent de sa providence.

LOUISE (*regardant autour d'elle sans voir personne*).

Qu'entends-je ? et qui me parle ?

L'ANGE.

Un cœur ami du tien, mais qu'en vain tu chercherais à connaître.

LOUISE.

Qui donc êtes-vous ?

L'ANGE.

L'envoyé de Dieu, pour t'assister.

LOUISE.

Mon bon ange, alors. C'est lui que j'entends, lui à qui je dois ce repas vraiment céleste !

L'ANGE.

Tu peux le croire. Alors, mange sans crainte.

LOUISE (*se remettant à manger*).

Grand merci, mon bon ange ! je vous crois et je vous obéis.

L'ANGE (*de l'endroit où il est caché*).

Air : *Une fée, un bon ange (Domino noir)*.

Oui, crois-en ton bon ange
Assistant tes besoins ;
Il blâme ta conduite étrange,
Et tu vois comment il se venge :
C'est en te prodiguant ses soins ;
Car il ne t'en aime pas moins.
Oui, je suis ton bon ange,
Et, pour ce peu de bien,
Si Dieu m'offre un échange,
Ah ! je ne lui demande rien
Qu'un bonheur, et c'est le tien.

LOUISE (*ayant fini de manger*).

Notre Seigneur a commandé qu'on recueillît les

restes!... et je voudrais bien, je devrais... mais impossible... la fatigue... le sommeil... impossible de résister... (*elle se rendort*) (1).

L'ANGE (*reparaissant*).

C'est moi que regarde ce dernier soin (*il remet tout dans la corbeille*). Chère sœur ! la voilà soulagée... maintenant, elle dormira d'un bon sommeil... Et moi-même, ayant accompli ma mission, je puis rentrer au couvent. Mais je la laisse seule... ô Marie, mère des enfants délaissés, protectrice de ceux qui sont en péril, vous qui remettez dans leur droit chemin les égarés, je vous conjure de vous établir ici la gardienne de cette inconnue et, durant toute sa vie, sa sauvegarde et son infaillible conseillère... Je la quitte, pour ne plus la revoir... Si je lui laissais un souvenir.... cette croix d'or, que chacune de nous porte

(1) On peut ici faire revenir, si l'on veut, le dernier couplet qu'a chanté Louise, en s'endormant, avec cette légère variante :

> Je cède à ta force accablante,
> O sommeil ! à toi je me livre ;
> Mais quand je m'incline mourante,
> En songe, ô Dieu ! faites-moi vivre.

au couvent, et sur laquelle est gravé mon nom...
(elle la détache et la passe au cou de Louise.)

Même air.

Oui, je veux te laisser, en cet adieu suprême,
Ma croix d'or, de nos cœurs mystérieux lien ;
Tu ne me connais pas, ma sœur, et moi je t'aime...
    Tu dors, tu n'en sauras rien.

(*Amélie sort emportant la lumière. La scène redevient obscure*).

SCÈNE V.

LOUISE (*endormie*). L'APPARITION.

(*La scène reste un moment silencieuse. Musique douce qui prépare l'apparition. On aperçoit d'abord une vive lumière partant d'en haut, à la droite du spectateur, au dernier plan de la scène. On voit, du même côté, dans le haut, flotter les extrémités d'une draperie blanche : c'est tout ce qui doit s'apercevoir de l'apparition*).

VOIX (*du dehors et venant d'en haut*).

Louise !

(*Louise fait un mouvement*).

Louise ! me reconnais-tu ?... Je suis celle dont tu as si fidèlement et si pieusement paré l'autel...

LOUISE (*endormie et rêvant*).

La sainte Vierge ! oh ! quelle est belle !

LA VOIX (*articulant lentement et d'un ton grave*).

Chère enfant ! tes soins, ta tendre dévotion, tes prières m'ont touchée, et je t'aime. Je t'aime, et je te parle ici pour empêcher ta perte. Oh ! que ne peux-tu voir les horribles et épouvantables maux qui t'attendent, si tu suis ce trompeur et funeste projet...

LOUISE (*rêvant*).

Il est si beau et si pur.

LA VOIX (*parlant plus vite*).

Je sais bien que ce n'est pas pour toi, mais uniquement pour ta mère que tu veux t'enrichir. Toi, tu ne redoutes ni les privations de la pauvreté, ni les fatigues du travail. Mais ta mère a été riche ; elle a joui de tous les avantages que donnent l'opulence et un grand nom. Ruinée et réduite à l'indigence par des méchants dont elle a été la dupe et la victime, elle s'est expatriée et, cachant la noblesse de son nom, elle a vécu la plus pauvre et la plus obscure du village. Malade, infirme, c'est toi qui la nourrissais du modique salaire de tes journées, et tu savais, en dépit de l'infortune, exciter dans ton cœur assez de gaieté pour la faire sourire...

LOUISE (*rêvant*).

Ma mère ! ma mère ! ah ! tout mon amour !

LA VOIX.

Jamais ni elle, ni personne, ni moi-même, quand tu étais agenouillée devant moi et dans la confidence de tes prières, nous n'entendîmes sortir de ta bouche une plainte ou un murmure. Il y avait une joie dans ta vie, la joie de m'apporter et de m'offrir les fleurs que tu cultivais pour moi... oh ! leur beauté me plaisait moins que celle de ton âme, leur parfum m'était moins doux que celui que m'offrait ton cœur.

LOUISE (*rêvant*).

Voyez-vous ce lis, avec sa blancheur éclatante et son calice où brille l'or... C'est toute ma richesse... O très-sainte Vierge, si j'avais plus, je vous offrirais plus.

LA VOIX.

Oui, ton unique désir, ton rêve favori était d'enrichir tes deux mères : à l'une un magnifique temple ; à l'autre, ce palais dont on l'avait spoliée... Aussi, ta jeune imagination s'est laissé abuser par des fables ; et tel a été ton égarement que, pour ces vains projets de fortune, tu n'as pas craint d'abandonner ta mère.. ta mère, qui ne pouvait subsister un jour sans ton travail, et à qui ta présence était encore plus nécessaire que le pain que tu lui gagnais.

LOUISE (*rêvant*).

C'est vrai ! ô folie ! ô ingratitude ! Ma mère ! qu'est-elle devenue ?

LA VOIX.

Rassure-toi. Ta mère n'a pas soupçonné seulement ton projet ; elle n'a rien su de ton départ ; elle n'en a pas souffert ni pleuré. Elle a cru toujours avoir sa fille auprès d'elle...

LOUISE (*rêvant*).

Comment ! Mon Dieu ! mon départ l'a-t-il rendue folle ?

LA VOIX.

Non ; mais j'ai occupé ta place auprès d'elle. Vêtue comme toi, prenant ta voix et tes traits, je me suis faite sa fille et sa servante...

LOUISE (*rêvant*).

La sainte Vierge ! oh !

LA VOIX.

Comme toi, j'ai été travailler pour elle, à la journée : et, chaque fois, je lui rapportais de quoi payer le pain du lendemain. Moi aussi, et à ton exemple, j'ai su l'égayer de mes récits, la faire rire de mon rire joyeux ; tes soins, tes tendresses, tes attentions, ta caressante sollicitude, j'ai tout imité, tout reproduit.

LOUISE (*rêvant*).

O bonté sans exemple !... O reconnaissance !...

LA VOIX.

Mais écoute, et sois courageuse, sois résignée... L'heure de Dieu était venue. Alors, je ne l'ai plus quittée. J'ai passé les jours et les nuits, au chevet de son lit, me disant : c'est ainsi qu'eût fait ma chère Louise. Mes soins ont été aussi assidus que les tiens auraient pu l'être : que de fois, dans mes mains, j'ai réchauffé ses pauvres mains glacées ; et, quand la fièvre était trop ardente, je posais doucement mes lèvres sur son front, pour le rafraîchir (*On entend Louise sangloter*).

Purifiée par l'adversité, sanctifiée par les prières de l'Eglise et l'union avec son Dieu, après qu'elle se fût endormie dans la mort, je l'ai conduite moi-même là où elle est plus riche que tu ne prétendais la rendre, plus heureuse qu'on ne saurait l'être sur la terre. Louise, elle et moi, tes deux mères, nous t'attendons au ciel. (*L'apparition cesse et la lumière disparaît. Louise dort d'un sommeil plus calme.*)

SCÈNE VI.

CLAIRE, GENEVIÈVE, AMÉLIE, LOUISE (*endormie sous le berceau*).

(*Le jour commence et la scène s'éclaire un peu*).

CLAIRE (*entrant en scène*).

Il n'est que quatre heures. Ce n'est pas trop tôt...

Voyez le jour... Lui aussi s'est levé matin. D'ailleurs, jamais nuit ne m'a paru si longue... il me semblait toujours voir ce vaisseau s'enfuir sans nous.

AMÉLIE.

Que n'est-il parti, en effet !

CLAIRE (*avec effroi*).

Se peut-il ?

GENEVIÈVE (*qui est allée regarder*).

Non, non, il est toujours là, avec son beau gréement et ses légers pavillons flottant au vent.

CLAIRE.

A la bonne heure ! Ecoute, ma chère Amélie, j'ai été enchantée de te rencontrer dans ce couvent !... une amie d'enfance ! Tu as été bien bonne de ne pas faire connaître mon nom à la supérieure, qui m'aurait mise sous les verroux, plutôt que de me laisser partir. Tu es on ne peut plus aimable de vouloir bien me faire la conduite. Mais, quant à me retenir, ne l'essaie pas. J'ai mis dans ma tête de voir du pays, et j'en verrai.

AMÉLIE.

Mais, ma bonne Claire, permets-moi de te le dire, c'est un projet insensé... (*A Geneviève :*) Mademoiselle, aidez-moi.

CLAIRE.

Geneviève m'a juré d'associer son sort au mien.

GENEVIÈVE.

C'est vrai.

CLAIRE.

Elle gardera son serment.

GENEVIÈVE.

C'est juste.

AMÉLIE.

Que tu changes de couvent, je l'admets. Viens dans le nôtre ; si tu savais comme on y est bien !

CLAIRE.

Laisse-moi donc. Ils se ressemblent tous. Et la supérieure d'ici m'a l'air

AMÉLIE.

Je t'affirme que tout le bien que je t'ai dit d'elle est exact. C'est vraiment une mère...

CLAIRE.

Je ne la crois pas indulgente.

AMÉLIE.

Une mère trop indulgente n'élève pas ses enfants; elle les gâte. La nôtre est juste.

CLAIRE.

Cela veut dire sévère.

AMÉLIE.

Oui, quand il le faut. Et, à moins que tu ne prétendes que les enfants sont parfaits et toujours irréprochables, tu conviendras qu'il le faut quelquefois. D'ailleurs, veux-tu que je te confie un secret?

CLAIRE.

Dis.

AMÉLIE.

C'est que je fais faire à notre supérieure tout ce que je veux.

CLAIRE.

Toi?

AMÉLIE.

Moi-même. Je possède un ressort mystérieux, au moyen duquel, sans qu'elle s'en doute, je la fais agir, penser, parler, se mouvoir, comme mon petit doigt.

CLAIRE.

Est-ce possible?

AMÉLIE.

C'est réel. Veux-tu des exemples? L'autre jour, j'ai voulu qu'elle grondât notre maîtresse; j'ai fait jouer mon ressort : la maîtresse a été grondée.

CLAIRE.

Bien! elle avait été injuste?

AMÉLIE.

Non, elle avait été faible et trop bonne. Une autre fois... Oh! c'était un jour d'été, dans l'après-midi, il faisait une chaleur!... Nous étions en étude... tout le monde était accablé et dormait... Une seule paraissait fort occupée... C'était Clarisse, ma voisine... mais occupée à quoi? à la conduite d'un char en papier, auquel elle avait attelé huit mouches richement caparaçonnées. — Allons, allons, me dis-je, mon ressort !

La supérieure arrive. Tout le monde se réveille et se hâte de regarder son livre. « Mes enfants, » dit notre Mère, « je viens vous faire une proposition : c'est de quitter l'étude et d'aller dans le parc; mais à une condition : c'est que vous y jouerez bien. Si vous y jouez de tout cœur, je m'engage à vous y faire servir une collation. »

CLAIRE.

Tout cela, dis-tu, grâce à ton ressort ?

AMÉLIE.

Oui, tout cela.

GENEVIÈVE.

C'est charmant.

AMÉLIE.

Une autre fois... oh! nous avions été méchantes, paresseuses, intraitables... Tout le pensionnat était en insurrection. Les punitions pleuvaient comme la grêle. C'était à ne savoir plus où donner de la tête. La supérieure alors était absente. Elle revient à l'improviste. On nous annonce sa visite. Vite, vite, mon ressort. Dans cette occasion désespérée je ne saurais dire combien de fois je l'ai fait jouer. Notre Mère arrive. Tout le monde tremblait. On était pâle de frayeur. On baissait la tête. Il y avait là je ne sais quoi de solennel, de silencieux et de lugubre, comme à l'approche d'un affreux orage. Notre Mère paraissait lancer des éclairs, comme Moïse descendant du Sinaï. On n'osait la regarder. « Mes enfants, » dit-elle, « aux grands maux les grands remèdes. » Dieu ! qu'est-ce qui va nous arriver ? Au mal présent, qui est extrême, j'ai cherché un remède souverain, je n'en ai trouvé qu'un, et le voici. Epouvante universelle, tu conçois ! Mais attends la fin et écoute la Mère : « Je lève toutes les punitions et accorde une amnistie générale. »

CLAIRE.

Bravo ! vite, vite, dis-moi ton secret.

AMÉLIE.

Si tu restes, je te le dirai... mais rien qu'à cette condition.

CLAIRE.

Dis d'abord, nous verrons après (*On entend un roulement de tambour*). Qu'est-ce que cela ?

GENEVIÈVE.

Un signal venant du vaisseau.

(*Coup de sifflet. Voix répétant l'ordre*) :

A la manœuvre. Tout le monde à son poste ! Dans une heure le départ.

CLAIRE.

Dans une heure ! bon ! ce mot réveille toute ma volonté. Amélie, l'arrêt irrévocable est prononcé : Je pars. Mais notre compagne d'hier, où donc... (*Elle s'approche du berceau et voit Louise à genoux et priant. Au bruit du tambour, Louise s'est éveillée. Sans faire attention aux jeunes filles qui occupent la scène, elle s'est mise à genoux, priant avec un grand recueillement. Claire va près d'elle, et, lui frappant sur l'épaule*) : Pardon ! ma chère compagne... il faut absolument que je vous dérange... n'avez-vous pas entendu ? On part dans une heure.

LOUISE (*se levant et venant en scène*).

Merci! j'avais entendu.

AMÉLIE (*à Louise*).

Mademoiselle, je vous en conjure, soyez plus éloquente et persuasive que moi, usez de votre ascendant sur Claire de Vieilleville, mon amie, pour qu'elle ne commette pas cet acte insensé.

CLAIRE (*bas à Amélie*).

Insensé! tu t'adresses bien... si tu lui démontres qu'elle est insensée, à celle-là...

LOUISE (*à part*).

Cette voix!... C'est singulier! (*Haut à Amélie :*) Mademoiselle, je ne crois pas vous avoir jamais vue... je ne vous connais pas... et pourtant, votre voix, je suis sûre de l'avoir entendue : je la reconnais. Comment se fait-il ?...

AMÉLIE (*troublée*).

Ma voix... Mais...

CLAIRE.

Et moi aussi je reconnais autre chose...(*A Louise :*)

C'est cette croix d'or que vous portez au cou (*Louise, qui ne l'avait pas encore remarquée, la regarde avec surprise*). C'est un insigne que porte toute élève du pensionnat, avec son nom gravé dessus. Amélie, fais-lui voir un peu la tienne... Mais elle te manque...

LOUISE (*après avoir lu le nom gravé sur sa croix*).

Vous vous nommez Amélie.

AMÉLIE (*de plus en plus troublée*).

Je me nomme... c'est-à-dire... je ne sais...

CLAIRE.

Qu'a-t-elle donc? Tu ne sais pas ton nom?

LOUISE (*à Amélie*).

Mademoiselle, oh! dites-moi que c'est vous qui m'avez visitée, qui m'avez parlé cette nuit.

AMÉLIE (*dans le plus grand trouble*).

Cette nuit... Je ne puis pas... Je voudrais... Pardon!

LOUISE.

Oh! dites-le-moi, afin que je m'agenouille à vos

pieds pour vous vénérer comme mon bon ange gardien, à moins que vous ne me permettiez de me jeter dans vos bras pour vous appeler ma meilleure amie.

AMÉLIE (*lui tendant les bras*).

Votre amie! Eh bien, oui, depuis cette nuit, je la suis vraiment, et de tout cœur.

(*Elles se tiennent embrassées*).

CLAIRE.

Voilà une énigme dont je ne comprends pas le premier mot.

LOUISE.

Sur-le-champ, je vais mettre votre amitié à contribution. Il faut donc que vous obteniez de votre supérieure que j'entre dans ce couvent, pieds nus, la corde au cou, pour y passer ma vie dans le pénitence la plus laborieuse et la plus méritée...

CLAIRE.

A d'autres! (*A Louise:*) Quoi! vous renoncez à vos splendides espérances de fortune?

LOUISE.

Oui.

CLAIRE.

Et le magnifique temple promis à la sainte Vierge?

LOUISE.

Je lui en consacrerai un plus beau : ce sera mon cœur.

CLAIRE.

Et ce riche palais où vous vouliez loger votre mère ?

LOUISE (*d'une voix éplorée*).

Ma mère habite à présent le plus riche de tous les palais, le ciel.

CLAIRE.

Décidément, elle n'est plus des nôtres. Geneviève, partons-nous ?

GENEVIÈVE (*à Claire*).

De grâce, déliez-moi de ma promesse, afin qu'au lieu de m'exposer aux orages, moi aussi j'aille m'abriter dans ce port.

CLAIRE.

Allons ! il faut y renoncer (*A Amélie :*) Voyons, ton secret ?

AMÉLIE.

Tu restes donc ?

CLAIRE.

Cela va sans dire, puisque tu m'en as fait une condition.

AMÉLIE (*avec bonheur*).

Dieu soit loué ! trois brebis égarées que je ramène au bercail ! (*A Claire, mais de façon à être entendue des autres personnes :*) Eh bien, le secret, le moyen infaillible d'obtenir, d'une supérieure, sans qu'elle s'en doute, tout ce qu'on veut, c'est : de le demander à son ange gardien.

(*Chœur final du cantique*).

ZAÏDA

ou

LA MAHOMÉTANE AU COUVENT,

COMÉDIE EN UN ACTE.

PERSONNAGES :

ISABELLE, reine d'Espagne.
L'ABBESSE du couvent de Zubia (soixante ans).
ZAIDA (seize ans), princesse maure, parente des rois de Grenade.
LAURENCE (dix-sept ans), ⎫
INÈS (seize ans), ⎬ pensionnaires demeurant au couvent.
LÉONOR (quinze ans), ⎭
JACINTHE (quinze ans), fille du jardinier.

L'action se passe au couvent de Zubia, près de Grenade.

La scène représente un parloir. A la droite du spectateur, au premier plan, une fenêtre; du même côté, au dernier plan, une tapisserie qui, lorsqu'elle est soulevée, donne vue dans l'intérieur de la chapelle. Au fond, l'unique porte par laquelle, à moins d'une indication contraire, se doivent faire toutes les entrées et les sorties. A gauche, au premier plan, une porte menant à la chambre de Zaïda; aux plans inférieurs, plusieurs portes menant aux chambres des autres pensionnaires. Sur la scène, une table où se trouvent quelques livres, des papiers et tout ce qu'il faut pour écrire.

SCÈNE I.

ISABELLE, L'ABBESSE.

(Au lever du rideau, Isabelle est seule sur la scène ; elle attend l'arrivée de l'abbesse.)

L'ABBESSE *(entrant)*.

Pardon, Madame, de vous avoir fait attendre... *(Reconnaissant la reine.)* Que vois-je ! la reine Isabelle ! la glorieuse reine d'Espagne ici, au couvent de Zubia ! Quel honneur inespéré ! Mais comment m'excuser de ne m'être pas rendue plus vite auprès de Votre Majesté ?

ISABELLE.

C'est moi, ma bonne et révérende Mère, qui dois vous demander pardon de la perte de temps que vous causera ma visite... Je sais combien le temps est précieux pour une abbesse.

L'ABBESSE.

A quoi puis-je mieux l'employer qu'à témoigner ici toute ma reconnaissance à la pieuse et libérale fondatrice de ce monastère? Mais, que n'ai-je été prévenue de cette visite, afin d'en informer la Communauté, et de recevoir Votre Majesté avec tous les honneurs qu'il nous est possible de lui rendre !

ISABELLE.

Veuillez plutôt, ma Mère, n'informer personne de ma présence ici. J'y suis venue en secret et sans suite, et dans l'unique but de réclamer de vous un service.

L'ABBESSE.

Un service ! Quelle joie pour moi, si je pouvais être utile à ma chère souveraine !

ISABELLE.

Je vous amène une pensionnaire.

L'ABBESSE.

La recevoir, quand c'est Votre Majesté qui daigne la présenter, cela doit-il s'appeler un service?

ISABELLE.

Oui, et un grand. Car cette pensionnaire n'est point Espagnole ; elle n'est pas même chrétienne.

Elle appartient à cette nation maure, à ces mahométans dont la domination, grâce au ciel, vient enfin de cesser en Espagne. Etant de race royale, elle vivait à la cour du dernier roi Boabdil, son parent. Mais elle vivait en mésintelligence avec lui, tant à cause du peu de courage que montrait Boabdil à défendre sa capitale, que par suite de je ne sais quelle vieille querelle de famille. Aussi se refusa-t-elle à suivre le roi dans son exil. Comment abandonner, seule à Grenade, cette jeune princesse de seize ans? D'ailleurs, la politique s'y opposait. Les Maures, à qui nous laissions leurs usages et toute liberté, n'auraient pu voir au milieu d'eux cette fille de leurs émirs, sans être tentés de la placer à leur tête et de se révolter. Je l'emmenai donc à ma cour, voulant faire d'elle ma compagne, mon amie, et, le dirai-je, avec l'espoir secret de la convertir à la vraie religion. Je ne réussis à rien. Ma société, mes soins lui déplurent; les fêtes mêmes de la cour ne faisaient qu'augmenter son ennui. Un jour, je m'avisai de lui dire en plaisantant que je lui trouvais de la vocation pour le couvent, et que, si elle voulait m'en croire, elle se retirerait au couvent de Zubia, tout auprès de Grenade. Quel fut mon étonnement! elle accepta, elle me pressa de la faire partir. J'ai voulu l'amener moi-même. A vous maintenant, ma Mère, de me répondre bien franchement s'il ne vous déplaît pas trop de la recevoir.

L'ABBESSE.

Ne me fût-elle point amenée par Votre Majesté, je ne la recevrais pas moins avec empressement et avec bonheur. A qui donc seront ouverts nos couvents, si ce n'est aux malheureux qui, n'ayant plus de famille et plus de patrie, ne savent pas qu'il leur reste toujours un père qui est Dieu, et que notre véritable patrie à tous, c'est le ciel.

ISABELLE.

Puissiez-vous, mieux que moi, réussir à lui apprendre cela. Mais, je dois vous l'avouer, convertir cette infidèle ne me paraît pas chose aisée. Elle est d'un caractère opiniâtre, hautain, dissimulé... Il vous faudra d'abord attaquer ses défauts, et avec quelles armes ?

L'ABBESSE.

Je n'en veux pas employer d'autres que l'indulgence et la tendresse.

ISABELLE.

Ah! voilà bien les sentiments que je comptais trouver en vous, ma Mère; et je ne devrai pas m'étonner si vous triomphez là où j'ai échoué. Pourtant, comment la sauver d'abord de l'ennui?

L'ABBESSE.

En lui donnant pour compagnes trois jeunes pensionnaires que nous avons ici ; toutes trois de noble maison, douces, bonnes et toutes prêtes, j'en réponds, à faire leur possible pour la distraire et gagner son amitié.

ISABELLE.

C'est à merveille. Et où la logerez-vous?

L'ABBESSE.

Pas dans le cloître, cela va sans dire, mais, si Votre Majesté le trouve bon, dans une chambre voisine du parloir où nous sommes... *(indiquant la première porte à gauche)* dans celle-là, par exemple, qui est la plus belle du couvent, la plus gaie... ayant une vue sur le jardin...

ISABELLE.

Je suis confuse, ma bonne Mère, de tant de complaisance !

L'ABBESSE.

Ce parloir lui servira de lieu de réunion avec ses trois amies. Par cette fenêtre, elle pourra contempler Grenade, l'Alhambra et ses vastes jardins.

ISABELLE (*regardant par la fenêtre*).

Oui, vraiment... Oh ! le beau, le grand spectacle !

L'ABBESSE.

En écartant cette tapisserie, elle aura vue sur l'intérieur de notre chapelle; elle pourra, si cela lui plaît, regarder nos cérémonies. D'ici, elle entendra nos chants.

ISABELLE.

En vérité, Zaïda ne s'est pas méprise ; elle sera plus heureuse ici qu'à la cour. Zaïda, c'est le nom de votre nouvelle pensionnaire. Permettez que je l'aille chercher et vous la présente à l'instant.

L'ABBESSE.

Avant tout, que Votre Majesté daigne me permettre, puisqu'elle veut garder l'incognito, de lui demander de quel nom je dois l'appeler.

ISABELLE.

Appelez-moi Madame, tout simplement... Je ne suis rien, je n'ai pas de nom.

L'ABBESSE.

Et aurai-je le bonheur de garder Votre Majesté au moins quelques jours?

ISABELLE.

Oh! quelques heures... Et c'est encore plus que je ne devrais vous donner.

L'ABBESSE.

Votre Majesté ne quittera pas le couvent sans consentir à y prendre un repas?

ISABELLE.

Soit, volontiers... Mais le repas de tout le monde, à la table commune.

L'ABBESSE.

Impossible! Notre table, ordinairement bien frugale, l'est encore plus aujourd'hui... c'est jour de jeûne.

ISABELLE.

Que m'apprenez-vous là? J'ai manqué à l'observer.

L'ABBESSE.

Que votre pieuse Majesté se rassure. Il ne s'agit que d'un jeûne volontaire que s'est imposé le couvent, et auquel nos pensionnaires elles-mêmes ont voulu s'associer selon la mesure de leurs forces.

ISABELLE.

Et pourquoi ce jeûne?

L'ABBESSE.

A propos d'une épidémie qui désole un village voisin. Nous espérons que le ciel nous permettra de lui payer une partie de la dette de ces malheureux, et qu'il retranchera de leurs souffrances l'équivalent de ce que nous consentirons à souffrir nous-mêmes.

ISABELLE.

Ah! que ne vous entendent-ils parler ainsi, tous ces esprits forts qui nous disent : à quoi bon les couvents? A quoi bon? On y prie pour nous qui ne prions pas ; on s'y macère pour expier nos sensualités ; on s'y humilie pour que notre orgueil nous soit pardonné. C'est grâce aux couvents qu'il se trouve encore parmi nous assez de justes pour que Dieu consente à épargner nos sociétés impies...

L'ABBESSE.

La visible protection que, sous votre glorieux règne, la Providence accorde à l'Espagne, il faut l'attribuer surtout aux éclatants exemples de dévotion et de vertu que donne Votre Majesté.

ISABELLE.

Moi, ma Mère, oh! désabusez-vous! toute reine que je suis, Dieu me considère moins que la moins digne des servantes qu'il a dans ce couvent. Aussi, quand je vous entends, vous, vénérable abbesse, me donner ces titres de Reine et de Majesté, je me sens toute confuse. Ah! vous ne savez pas que de fois j'ai souhaité de ne plus les porter, ces titres ; vous ne savez pas tout ce que, dans mon royal rôle, il y a de fatigue et en même temps de vanité. Je vais donc en être affranchie quelques instants. Dites-moi, ma Mère, — ma Mère ! à la bonne heure, voilà un doux nom, cent fois préférable à celui de Majesté. — Dites-moi, ces jeunes personnes que vous avez ici, voudriez-vous bien les réunir, leur parler de Zaïda, les prévenir de son arrivée, et permettre qu'elles soient présentes quand je l'amènerai ?

L'ABBESSE.

En effet, leur présence empêchera que Zaïda ne s'effraie par trop, et de ces murs sombres, et de mon costume plus sombre encore. Je vais les appeler.

ISABELLE.

Et moi, je cours chercher Zaïda (*Elle se dirige vers la porte*).

L'ABBESSE.

Ne puis-je épargner cette peine à Votre Majesté ?

ISABELLE.

Ah ! permettez, ma Mère, je ne suis plus reine...

L'ABBESSE.

C'est vrai... Pardon, madame... ou plutôt, excusez-moi, mon enfant.

ISABELLE (*revenant et prenant affectueusement la main de l'abbesse*).

Mon enfant! ah! ma Mère, soyez bénie pour m'avoir fait entendre ce nom charmant! Donnez-le-moi désormais, je vous prie, même quand vous parlerez à la reine (*Elle se dirige de nouveau vers la porte*).

L'ABBESSE (*la reconduisant*).

J'aurais en effet le droit de vous le donner, s'il suffisait pour cela de vous aimer autant que peut aimer une mère (*Isabelle sort*).

SCÈNE II.

L'ABBESSE, LAURENCE, INÈS, LÉONOR.

L'ABBESSE (*frappant successivement à trois portes à gauche*).

Venez, Laurence, je vous prie...

LAURENCE (*paraissant, tandis que l'abbesse frappe à la porte d'Inès*).

Me voici, ma Mère.

L'ABBESSE.

Inès, pardon, je désirerais vous parler.

INÈS (*arrivant, tandis que l'abbesse frappe à la porte de Léonor*).

Mère, je suis à vos ordres.

L'ABBESSE.

Léonor, vous plairait-il de sortir un instant ?

LÉONOR (*accourant*).

Aussi longtemps, ma Mère, que vous le voudrez.

L'ABBESSE.

Mes filles bien-aimées, écoutez-moi : J'ai un nouveau devoir à vous imposer... ou plutôt une prière à vous adresser. On va vous amener une compagne.

INÈS.

Ah ! tant mieux !

LÉONOR.

Quel bonheur!

L'ABBESSE.

Attendez... C'est une étrangère qui ne professe pas même notre religion.

LAURENCE.

Je la plains.

L'ABBESSE.

Oui, il faut la plaindre et, par conséquent, l'en aimer davantage. Voyons, promettez-moi de traiter avec douceur cette jeune mahométane, de la distraire, si vous le pouvez, de la consoler du légitime chagrin que lui causent la perte de sa patrie et l'exil des rois ses parents ; promettez-moi, quand bien même elle aurait quelques défauts de caractère, — et si, nous autres chrétiennes, nous n'en sommes pas exemptes, à plus forte raison une infidèle, — promettez-moi, vous dis-je, de l'excuser, de ne la contrarier en rien, de vous prêter enfin à tous ses désirs, à ses caprices mêmes, sauf le cas où il s'agirait d'offenser Dieu. Songez qu'en lui donnant ces marques et ces exemples de charité, c'est vous qui travaillerez le plus efficacement à sa conversion. Eh bien, n'est-ce pas un saint devoir, un noble but que je vous propose là?

INÈS.

Oui, ma Mère, et je vous promets que ce but, nous l'atteindrons.

LÉONOR.

Et moi, je vous donne ma parole que je ne faiblirai pas à ce devoir.

L'ABBESSE.

C'est bien; merci mes enfants! Mais vous, Laurence, vous vous taisez; pourquoi?

LAURENCE.

Parce qu'il me paraît trop difficile, à moi du moins, et eu égard au peu de perfection que je me connais, de faire tout ce que vous demandez là, ma Mère. Cependant soyez sûre que je ferai de mon mieux.

L'ABBESSE.

A la bonne heure! cela suffit; et je compte beaucoup sur vous.

INÈS.

Mère, est-ce bientôt qu'on doit nous l'amener?

L'ABBESSE.

Quelle généreuse impatience! Ecoutez... on vient... c'est elle, c'est Zaïda.

INÈS.

Zaïda! j'aime déjà ce nom-là.

LÉONOR.

Et moi, j'aime déjà celle qui le porte.

L'ABBESSE.

Chut! la voici.

SCÈNE III.

ISABELLE, ZAIDA, L'ABBESSE, LAURENCE, INÈS, LÉONOR, JACINTHE.

(*Jacinthe se tient dans le fond, portant le manteau de voyage de Zaïda*).

ISABELLE.

Vénérable abbesse, j'ai l'honneur de vous présenter la nouvelle enfant que vous avez bien voulu consentir à adopter. (*A Zaïda* :) Zaïda, cette dame vous permet de lui donner le tendre nom de mère, et ces demoiselles, de leur donner le charmant nom de sœurs. N'est-il pas vrai, mesdemoiselles?

LAURENCE.

Assurément. Et nous serons heureuses si la princesse qui consent à se faire notre compagne daigne, à son tour, nous permettre de l'aimer.

INÈS.

Et de le lui dire.

L'ABBESSE (*embrassant Zaïda*).

Quant à moi, chère Zaïda, je ne veux être appelée votre mère qu'afin d'avoir le droit de vous en montrer le cœur et tous les sentiments.

ISABELLE.

Vous voyez, Zaïda, que ce bienveillant accueil qui vous est fait dépasse encore l'espoir que je vous en donnais. Mille fois merci, révérende Mère, de toute votre indulgence pour nous! A vous aussi, mesdemoiselles, merci, en attendant que Zaïda vous le dise elle-même ! Pardonnez-lui son silence... Votre gracieuse et excessive aménité, tout en la réjouissant, croyez-le bien, n'a fait que l'intimider davantage. Au reste, sachez que c'est elle-même qui a voulu être amenée ici (*Prenant Zaïda par la main et la conduisant vers la fenêtre*) : Tenez Zaïda, voyez votre chère Grenade ! De cette fenêtre vous pourrez la contempler à loisir (*Zaïda regarde Grenade, mais Isabelle, qui la tient toujours par la main, l'entraîne à gauche*). De ce côté se trouve votre chambre, la plus belle de tout le couvent. Vous plaît-il de la voir ? (*Zaïda retire sa main de la main d'Isabelle.*) Non. Eh bien, restez ici avec ces demoiselles. Moi, je suis plus curieuse que vous, et, si ma Mère le permet, j'entrerai...

L'ABBESSE.

Permettez vous-même, madame, que je vous montre le chemin (*Elle entre dans la chambre*).

ISABELLE (*suivant l'abbesse, puis revenant auprès de Zaïda*).

Zaïda ! un mot encore... (*Aux jeunes filles.*) Pardon ! (*Bas à Zaïda :*) Surtout, je vous le répète, ne dites à personne qui je suis (*Elle sort*).

SCÈNE IV.

ZAIDA, LAURENCE, INÈS, LÉONOR, JACINTHE.

ZAIDA.

Mesdemoiselles, connaissez-vous cette personne qui est entrée là ? C'est la reine d'Espagne.

LAURENCE, INÈS, LÉONOR (*à la fois*).

La reine !

JACINTHE (*se rapprochant des jeunes filles*).

Est-il bien possible ! C'est une reine, ça?

ZAIDA (*riant*).

Oui, ce n'est que ça (*Aux jeunes filles :*) Elle m'avait défendu d'en rien dire ; mais je n'ai pas hésité à désobéir, ayant l'espoir de vous plaire en vous mettant dans le secret.

LÉONOR.

Soyez tranquille, nous ne le trahirons pas.

INÈS.

Ce qu'il y a de fâcheux, c'est que Jacinthe ait entendu.

JACINTHE.

Dame ! ce n'est pas ma faute... Si l'on m'avait prévenue de ne pas écouter, je me serais bouché les oreilles.

INÈS.

Elle n'aura rien de plus pressé que d'annoncer cela à son père, le jardinier du couvent ; puis celui-ci...

LAURENCE.

Non, non, n'ayons pas cette mauvaise opinion de Jacinthe; seulement qu'elle nous promette de garder le secret.

JACINTHE (à *Laurence*).

Voyez-vous, mam'selle, il se peut que je sois bavarde, je ne le nie pas, mais je ne suis pas menteuse. Aussi je ne vous ferai point une promesse que je me sens incapable de tenir. Une reine, ça ne se voit pas tous les jours..... et puisqu'il y en a une ici, il faut que papa et maman le sachent... Autrement, si je ne le leur disais pas, je croirais pécher, et je m'en accuserais à confesse.

L'ABBESSE (*appelant de la chambre*).

Jacinthe ! Jacinthe !

JACINTHE.

Ah ! mon Dieu ! l'on m'appelle par là... Comment oser paraître devant... (*Elle fait quelques pas et se trouve en face d'Isabelle qui rentre sur la scène.*)

ISABELLE.

Jacinthe ! Soyez assez complaisante, mon enfant, pour aller prier votre père d'apporter dans cette chambre les malles de Zaïda.

JACINTHE (*intimidée et balbutiant*).

Moi, complaisante... Et mon père, le prier... Ah ! mad... madame... déjà trop heureuse de vous obéir. (*Jacinthe se dirige vers la porte du fond*).

L'ABBESSE (*se tenant sur le seuil de la chambre à gauche*).

Par ici, Jacinthe, passe donc par ici... c'est plus court... (*Jacinthe revient en courant et va sortir; l'abbesse la retient.*) Ecoute-moi : tu accompagneras ton père et amèneras dans cette chambre, en passant par le jardin, la camériste de madame... et toi-même, tu l'aideras à ouvrir les malles et à tout ranger. Va... (*Jacinthe, tout occupée à regarder la reine, ne songe pas à s'en aller.*) Va donc !

JACINTHE.

Ah !... pardon !... oui, c'est vrai, je... je m'en vais (*Elle sort*).

LÉONOR (*bas à Inès*).

C'est encore heureux que Jacinthe, avec son peu d'esprit, n'ait pas laissé voir qu'elle connaissait la reine.

INÈS (*bas à Léonor*).

L'étourdie ! je tremblais qu'il ne lui échappât quelque parole indiscrète.

SCÈNE V.

ISABELLE, L'ABBESSE, ZAIDA, LAURENCE, INÈS, LÉONOR.

ISABELLE.

Eh bien, Zaïda, vous avez sans doute fait déjà connaissance avec vos charmantes compagnes... Je serais heureuse de pouvoir aussi les connaître.

L'ABBESSE.

Permettez-moi, madame, de vous les présenter (*Amenant Léonor devant Isabelle*) : Léonor de Cifuentès...

ISABELLE.

Fille du comte de Cifuentès, intendant de Séville... un des plus fidèles serviteurs du trône... Mademoiselle, je vous félicite d'appartenir à un tel père (*Elle tend la main à Léonor*) : Faites-moi l'amitié de me donner votre main.

LÉONOR (*troublée*).

Je ne sais si je dois... je ne sais comment remercier... un tel honneur !... de la part de votre... pardon ! *(Isabelle remarque l'embarras de Léonor et jette sur Zaïda un regard soupçonneux que Zaïda se hâte d'éviter).*

L'ABBESSE *(présentant Inès).*

Inès, nièce de don Pérès del Pulgar.

ISABELLE.

Don Pérès del Pulgar !... Un nom glorieux, que vous portez là, mademoiselle. Votre oncle, pendant le siége de Grenade, a osé pénétrer seul dans la ville ennemie, et, s'en allant à la principale mosquée, il fixa sur la porte une inscription portant ces mots : « Ave, Maria. » Il consacrait ainsi d'avance ce temple à Notre-Dame. On a précieusement gardé cette inscription, et c'est à moi-même qu'elle appartient. Mais vous avez plus de droits que moi à la posséder. Je suis heureuse de pouvoir vous l'offrir.

INÈS *(étourdiment).*

Et moi, heureuse et fière de recevoir un tel présent, parce que je sais de quelle illustre main je le tiens.

ISABELLE.

Ah ! Zaïda, vous m'avez trahie ; c'est mal !

ZAIDA.

Moi ! vous m'accusez à tort, Majesté. Vous vous êtes trahie vous-même. A tant de grandeur, à tant de bonté surtout, comment voulez-vous que ces demoiselles ne vous aient pas reconnue sur-le-champ, qu'elles ne se soient pas écriées avec allégresse : Voilà l'idole de toute l'Espagne, voilà notre reine Isabelle !

INÈS (*bas à Léonor*).

Comme elle ment !

LÉONOR (*bas à Inès*).

C'est tout naturel... il faut l'excuser... une infidèle !

L'ABBESSE (*désignant Laurence à Isabelle.*)

Que Votre Majesté me permette de lui présenter Laurence, fille de don Rodrigue, marquis de Cadix... (*Bas à Isabelle :*) Orpheline !

ISABELLE.

Laurence ! Ah ! je suis heureuse d'avoir cette occasion de vous connaître... Venez, mon enfant, venez embrasser l'amie de votre père, la vôtre... (*Laurence vient se jeter dans les bras de la reine et fond en larmes.*) Oh! ne pleurez pas... Ces marques de douleur, laissez-les à ceux qu'afflige une mort vulgaire. Pour vous, dont le père a glorieusement sacrifié sa vie à son pays, soyez fière plutôt!... Oui, soyez fière et glorifiez-vous, ici surtout, dans ce couvent dont la fondation n'est due qu'à une victoire de votre père, à une brillante victoire remportée par lui sous mes yeux. C'est un épisode qui ne manque pas d'intérêt, et j'aurais du plaisir à vous le raconter, si je ne craignais d'offenser Zaïda.

ZAIDA.

Racontez, Majesté, racontez. Notre défaite est un événement que nous ne pouvons nier ni effacer de l'histoire. Nous avons intérêt à ce qu'on sache quels prodiges de courage on a dû faire pour triompher de nous.

ISABELLE.

Le camp espagnol était si éloigné de Grenade que nous n'apercevions que confusément cette ville à l'horizon. L'avouerai-je : j'étais impatiente et on ne peut plus curieuse de voir de près un séjour dont les merveilles et l'aspect enchanté étaient célèbres par tout le monde. Le marquis de Cadix, votre père, Laurence, ayant eu connaissance de ma fantaisie, vint on ne peut plus courtoisement m'offrir de la satisfaire. Nous partîmes, le roi et moi, avec toute la cour, escortés par des troupes d'élite que commandait le marquis. Il prit position au pied de la colline, tandis que, protégés par lui, nous montions au hameau de Zubia où, de la terrasse d'une maison que remplace aujourd'hui ce couvent, il nous fut possible, ainsi que vous en jugez, de contempler parfaitement Grenade, ses magnifiques jardins et les tours rouges de l'Alhambra.

ZAIDA (*à la fenêtre*).

C'est vrai ; et cette belle cité n'a point changé d'aspect... (*A part en frémissant :*) Elle n'a changé que de maîtres.

ISABELLE.

Mais soudain nous voyons l'ennemi sortir de la

ville avec du canon, une nombreuse infanterie et de rapides escadrons perdus dans des nuages de poussière. Aussitôt j'envoyai dire au marquis de Cadix que je le priais de ne point engager le combat. Je ne voulais pas que ma curiosité coûtât la vie à personne.

L'ABBESSE.

Je reconnais là l'humanité de notre bonne souveraine.

ISABELLE.

Le marquis promit d'obéir; et sa promesse dut lui être pénible à tenir, car on le harcelait, on le provoquait de mille manières. Cependant il sut se contenir, lui et ses troupes. Mais, écoutez ce qui survint. Un cavalier maure apparut : le plus terrible, le plus vaillant de tous.

ZAIDA.

Oh! le plus vaillant... pardon!... c'est beaucoup dire. Tarfe était grand et robuste, voilà tout.

ISABELLE.

Il se nommait Tarfe, dites-vous. Un vrai Goliath !

Tarfe passa fièrement devant nos guerriers, insultant et défiant les plus braves. Aucun de ceux-ci, pour m'obéir, n'accepta le défi. Mais jugez de l'indignation de nos Espagnols, quand ils virent, attachée à la queue du cheval de ce mahométan, cette même inscription que l'oncle d'Inès, Perez del Pulgar, avait appendue à la porte de la mosquée. Et le héros n'était pas là pour punir cet outrage. Un de ses jeunes compagnons d'armes, Garcilasso de la Véga, accourt auprès de nous, il se jette à nos pieds et implore la permission de venger l'injure faite à Notre-Dame.

LAURENCE.

La prière était trop pieuse pour n'être pas accueillie.

ISABELLE.

Je regrettai pourtant d'y avoir cédé, quand je vis les deux ennemis en présence. Le Maure avait sur Garcilasso l'avantage d'être plus fort, mieux armé, mieux monté. Le premier choc fut terrible. Les deux lances volèrent en éclats. Notre champion fut jeté en arrière sur la croupe de son cheval, et ce n'est pas sans peine qu'il réussit à reprendre sa position. Il revint toutefois au combat, et l'on se mesura à l'épée. Le cavalier maure tournait autour de l'Espagnol comme un faucon autour de sa proie; mais l'Espagnol ne manquait d'adresse ni à parer ni à riposter. Alors, profitant de sa force, Tarfe saisit son rival par le milieu du corps et l'enlève de sa selle. Ils tombent tous deux. Mais Garcilasso tombe le premier et a le dessous. Le Maure pose son genou sur la poitrine de sa victime, et, brandissant son poignard, il s'apprête à l'immoler. Ah! si vous aviez entendu quel lamentable cri de désespoir poussèrent les chrétiens, et, d'autre part, quelles acclamations! Cependant, ô prodige! c'est le mahométan que nous vîmes tout à coup rouler sans vie dans la poussière. Au moment où il levait son bras pour frapper Garcilasso, celui-ci lui avait enfoncé son épée dans le cœur.

L'ABBESSE.

Bénie soit Notre-Dame, qui n'a pas voulu que son champion fût tué.

ISABELLE.

Les Maures deviennent furieux. Il tirent le canon sur nous. Alors le marquis de Cadix, voyant que le roi et la reine sont en danger, se juge dispensé de tenir plus longtemps sa promesse. Il donne le signal de l'attaque. Jamais bataille ne fut plus courte. En un clin d'œil les Maures furent défaits et mis en fuite. Poursuivis jusqu'à leurs portes, ils laissèrent sur le terrain plusieurs milliers des leurs, tandis que de notre côté, dit-on, nous ne perdîmes pas un seul homme. Tel est le brillant fait d'armes en mémoire duquel a été fondé ce couvent. Je suis sûre que la fille de don Rodrigue y daigne quelquefois prier pour cette reine que son père, à cette même place, a si efficacement protégée et si vaillamment défendue.

LAURENCE.

Le vœu le plus cher de la fille de don Rodrigue serait de pouvoir imiter son père en donnant sa vie pour conserver celle de votre Majesté.

ZAIDA (à *Laurence*).

Je vous félicite, mademoiselle, d'être la fille de notre vainqueur.

LAURENCE.

Et moi, princesse, je vous prie de vouloir bien me le pardonner.

ISABELLE.

Je crois connaître assez Zaïda pour répondre qu'elle ne vous en estimera et même ne vous en aimera que davantage.

ZAIDA.

Assurément. (*A part*) : Mais si je pouvais me venger...

ISABELLE.

Puisque maintenant, révérende Mère, on n'ignore plus qui je suis, je vais reprendre mes insignes, puis, si vous le permettez, j'entrerai dans le cloître et ferai visite à vos sœurs (*S'adressant aux pensionnaires :*) Ces demoiselles voudront-elles bien me suivre et, me servant ici de dames d'honneur, faire l'apprentissage d'un emploi dont elles viendront s'acquitter plus tard à ma cour.

LÉONOR.

S'il était vrai !

INÈS.

Puisse un jour Votre Majesté se souvenir de cette promesse !

ISABELLE.

Zaïda, ne daignerez-vous pas nous accompagner ?

ZAIDA.

Si vous le désirez, Majesté, je suis prête. Mais j'aimerais bien mieux rester seule ici... (*Allant à la fenêtre:*) Il m'est si doux de revoir Grenade, et ce spectacle réveille en moi tant de souvenirs !...

ISABELLE.

Restez, restez, ma chère Zaïda, je vous le permets.

ZAIDA.

De plus, j'aperçois sous cette fenêtre un pauvre homme en haillons. Permettez-vous que je lui jette quelques pièces d'argent ?

ISABELLE.

Ah ! voilà un sentiment qui vous fait honneur et me ravit !

L'ABBESSE.

Il est digne d'une chrétienne.

ISABELLE.

Je veux, Zaïda, m'associer à votre bonne œuvre. Prenez cette bourse, et donnez aussi en mon nom. Nous vous laissons. Il convient que le bien que vous allez faire n'ait que Dieu pour témoin.

(*Tout le monde sort, excepté Zaïda*).

SCÈNE VI.

ZAIDA (*seule*).

Grenade! Grenade! ô toi, la reine des cités, qu'as-tu fait de ton brillant diadème? Belle, qu'est devenue ta beauté? Je vois encore tes palais entourés d'éternels ombrages; je vois tes tours et tes minarets qui s'élèvent fièrement. Mais ces minarets n'ont plus de voix qui appellent les fidèles croyants à la prière; ces tours menacent maintenant ceux qu'elles servaient à défendre; et c'est pour y loger des maîtres que nous avons bâti ces merveilleux palais. O honte! Grenade est esclave! Ah! que n'est-il possible à la fille des émirs d'affranchir la ville que les émirs ont livrée, à une femme de recouvrer un royaume que des hommes ont perdu ! C'est cet espoir pourtant qui me ramène et qui m'a fait accepter un séjour, à moi musulmane, dans un couvent chrétien. Mais où trouver maintenant des hommes et des armes ? Qu'êtes-vous devenus, vous tous, ô vaillants défenseurs de Grenade, qui demandiez à vous ensevelir sous ses ruines plutôt que de capituler ? Hélas ! le plus grand nombre a péri ; le reste s'est exilé ; ou, s'il en est qui n'ont pu se résigner à quitter leur patrie, à quoi sont-ils réduits ? A mendier, comme celui qui est là, gisant sous cette fenêtre, et qui n'a excité ma pitié que parce que j'ai cru reconnaître en lui mon frère en esclavage. Appelons-le. (*Elle va à la fenêtre et s'écrie :* Allah !) Je ne me trompais pas : à ce cri de ralliement, le musulman a bondi, le lion s'est réveillé (*Elle jette des pièces d'argent*): Reçois ceci, mon brave !... reçois encore... encore ! Tu es un ancien soldat de Boabdil, n'est-il pas vrai ? Oh ! ne crains pas de l'avouer, je te reconnais, et, puisqu'il en est ainsi, tiens, la bourse entière sera pour toi (*Elle lui jette la bourse*). Mes largesses t'étonnent ! Sache de qui elles te viennent : Je suis Zaïda, la fille de tes rois. — Quoi ! t'écries-tu, Zaïda dans une telle maison ? Aurait-elle

renié Mahomet ? — Rassure-toi. Je ne réside ici que
pour être plus près de vous, pour vous protéger, et, si
je le puis, vous venger. Mais, dis-moi, votre joug,
comment le subissez-vous? — En frémissant, je le vois.
— Consentiriez-vous à tenter de le secouer ? — Oui.
— Mais il vous faut des armes. — Elles sont prêtes.
Un chef. — Nous l'avons. — Son nom... Hein ! comment? je n'ai pas entendu. — El Feri. — Ah ! fort
bien ! je le connais... El Feri de Ben Estépar, le plus
implacable ennemi des Espagnols. Comment lui ont-ils
permis de rester à Grenade ? — Il n'y reste pas, il se
cache. — Où donc ? — Dans la montagne, près d'ici.
Près d'ici ! (*A elle-même:*) Quelle idée me vient ! Au
fait, rien de plus facile !... Mais c'est une perfidie !
Qu'importe, si c'est un moyen sûr de recouvrer Grenade ! (*Elle parle de nouveau au mendiant.*) — Ecoute !
pourrais-tu, de ma part, porter une lettre à El Feri?
— Oui, — Attends alors, je vais l'écrire (*Elle se met
à une table et, tout en écrivant, elle rend compte de tout
ce que sa lettre contient*).

« Fidèle et dernier soutien de la sainte cause,
» veux-tu délivrer nos frères esclaves et leur rendre
» tout ce beau pays d'Andalousie ? Aujourd'hui, tu

» le peux. Au couvent de Zubia se trouve en ce mo-
» ment la reine de nos ennemis, l'orgueilleuse Isa-
» belle. Elle s'y trouve sans escorte et sans défense.
» Rassemble quelques braves, viens l'enlever. Puis,
» demanderais-tu pour sa rançon la moitié de l'Es-
» pagne, on ne pourrait te la refuser. Viens donc...
» C'est Zaïda qui t'appelle et qui t'ouvrira elle-même
» la porte du couvent. » (*Elle plie la lettre et met l'adresse.*) Si cet avis parvient à son adresse, demain je serai rentrée au palais de l'Alhambra. (*Se levant et allant à la fenêtre, elle jette sa lettre.*) Voici ma lettre... Hâte-toi de la porter... Ne perds pas un moment; cours... Je te promets une belle récompense. (*Se retournant.*) Il était temps!... J'entends parler de ce côté... On vient; ce sont ces jeunes chrétiennes... Sans les connaître, je les hais ; je les hais, parce qu'elles portent le nom de nos vainqueurs.

SCÈNE VII.

ZAÏDA, LAURENCE, INÈS, LÉONOR.

ZAÏDA.

C'est vraiment trop de bonté, mesdemoiselles, que

de renoncer à la société de la Reine pour venir près de moi.

LÉONOR.

C'est la Reine elle-même qui nous envoie.

LAURENCE.

Et nous avons eu grand plaisir et grand empressement à lui obéir.

INÈS.

Oui, car votre société ne peut manquer de nous ravir. Vous nous apprendrez tant de choses que nous ignorons.

ZAIDA.

Quelles choses donc ?

INÈS.

Mais d'abord comment vous viviez à Grenade, quels y étaient vos plaisirs, vos fêtes... Rien de plus merveilleux que ce qu'on raconte sur tout cela.

ZAIDA.

Tout cela ne mérite pas de vous être raconté.

LÉONOR.

Si vraiment. Et puis vous nous parlerez aussi de la guerre... car il faut dire que nous sommes très-curieuses...

ZAIDA.

Ah ! je croyais que la curiosité était chose défendue au couvent.

LAURENCE.

Elle l'est en effet.

INÈS.

Excepté lorsqu'elle a notre instruction pour objet ; et tout ce que vous nous direz ne pourra manquer d'être fort instructif.

ZAIDA.

Je suis on ne peut plus flattée, mesdemoiselles, de l'honneur que vous me faites de me prendre pour votre institutrice... C'est, au contraire, moi qui comptais ici recevoir de vous des leçons. Mais, supposé que mon bavardage pût vous plaire, est-ce permis, dites-moi, de bavarder au couvent ?

LAURENCE.

Non, princesse.

LÉONOR.

Excepté quand la charité nous y oblige ; et nous sommes prêtes, pour vous, à sacrifier tous les autres devoirs à celui de la charité.

INÈS.

Nous observons le jeûne aujourd'hui, mais nous ne sommes pas, comme dans le cloître, tenues au silence.

ZAIDA.

Comment ! vous jeûnez ?

INÈS.

Oui, mais rassurez-vous, princesse, vous ne serez jamais astreinte à la même règle que nous. Ainsi, vous pourrez vous occuper de votre toilette et la soigner autant qu'il vous plaira.

ZAIDA.

Est-ce que cela vous est interdit ?

LAURENCE.

Rigoureusement. Nous ne devons porter ni posséder aucun objet de luxe ou de parure.

LÉONOR.

Au moins, nous admirerons la richesse de vos vêtements, l'éclat de vos bijoux. Et même, si vous le voulez bien, princesse, nous serons charmées de vous parer de nos mains.

ZAIDA.

C'est mille fois trop de bonté : et je voudrais trouver quelque moyen de vous témoigner ma reconnaissance... Attendez... Pardon ! je reviens (*A part, en se dirigeant vers la porte de sa chambre*) : Je sais ce qui leur est prescrit, à ces chrétiennes ; voyons donc si elles se montreront bien fidèles à l'observer (*Elle entre dans sa chambre*).

INÈS.

Elle est vraiment charmante, Zaïda.

LÉONOR.

Et je n'aurais jamais cru qu'une infidèle fût si parfaite.

LAURENCE.

Raison de plus pour que nous prenions garde, nous qui sommes chrétiennes, de lui donner l'exemple de l'imperfection.

ZAIDA (*revenant*).

Je n'ai rien vu là, malgré tout ce dont il a plu à la reine de me combler, je n'ai rien vu qui soit digne de vous être offert. Mais jugez vous-mêmes combien Sa Majesté est bonne, et comme elle me gâte!... Voici jusqu'à des bonbons qu'elle a eu soin de faire placer dans mes malles... Elle l'a fait, je n'en doute pas, pour me procurer le plaisir de les partager avec vous (*A Laurence :*) Veuillez donc en prendre votre part.

LAURENCE.

Grand merci! non... excusez-moi... je ne puis accepter.

ZAIDA.

Un simple bonbon! Allons donc! Vous ne me refuserez pas... et encore quand cela vient de la Reine!... (*Lui montrant l'intérieur du sac.*) Regardez, avez-vous jamais rien vu d'aussi fin, d'aussi exquis, d'aussi suave ?

LAURENCE (*ne voulant pas même regarder*).

Princesse, daignez, je vous prie, ne pas insister davantage ; aucune instance ne me fera céder.

ZAIDA (*piquée*).

C'est bien de la rigueur. (*A Inès :*) Et vous, mademoiselle, me repousserez-vous aussi cruellement ?

INÈS (*plongeant un regard dans le sac*).

On peut du moins y regarder... Oh ! tout cela doi être excellent... mais je serais trop grondée si j'y touchais aujourd'hui... Veuillez attendre à demain... J'en accepterai, princesse, autant qu'il vous plaira.

ZAIDA.

Demain, cela aura perdu toute sa qualité. Je suis, je ne vous le cache pas, très-affligée et même un peu humiliée de ce refus (*A Léonor*) : Voyons, mademoiselle, ne consentirez-vous pas, vous du moins, à me consoler et à faire cesser ma confusion ? (*Elle lui présente le sac.*)

LÉONOR (*à part*).

Au fait, c'est un devoir de charité (*Haut, à Zaïda*) : Vous avez vraiment le cœur trop bon et trop sensible pour que je me croie permis de vous rien refuser (*Elle prend un bonbon et le mange*).

ZAIDA.

A la bonne heure ! Au moins, vous, Léonor, vous m'aimez ! Comment trouvez-vous ces bonbons ?

LÉONOR.

Oh ! d'une finesse, d'un parfum ! Je n'ai jamais rien mangé d'aussi délicieux.

ZAIDA.

Acceptez alors le sac tout entier... (*Le lui mettant dans les mains*) Acceptez sans scrupule : moi, je n'aime pas ces sortes de friandises... Et certainement il sera plus agréable à ces demoiselles d'en recevoir de votre main que de la mienne.

LÉONOR.

En attendant que vienne le moment où elles daigneront en accepter, je vais déposer cela dans ma chambre... (*A Zaïda*) : Princesse, vous permettez?

ZAIDA.

Appelez-moi Zaïda, et usez-en avec moi comme avec une amie (*Léonor sort par la gauche*).

SCÈNE VIII.

ZAIDA, LAURENCE, INÈS.

ZAIDA.

Vous devez bien m'en vouloir, mesdemoiselles, de ce que j'ai fait manquer votre compagne au précepte du jeûne; et, elle-même, vous allez sévèrement la blâmer.

LAURENCE.

Au contraire, Léonor n'a manqué à son devoir que pour éviter de vous affliger et ne point manquer à la charité; loin de l'en blâmer, je l'admire.

ZAIDA.

En vérité! Mais alors pourquoi vous êtes-vous refusée à faire comme elle?

LAURENCE.

Apparemment parce qu'il y a dans mon cœur moins de charité que dans le sien.

INÈS.

C'est égal, Léonor n'en sera pas moins grondée, si cela se sait. Et, certainement, cela se saura.

ZAIDA.

C'est donc vous qui le direz?

INÈS.

A Dieu ne plaise ! Mais vous apprendrez bientôt vous-même qu'au couvent, sans qu'on puisse s'expliquer comment, tout finit par se savoir.

ZAIDA.

Que me dites-vous là ? Alors je suis désolée d'avoir mis Léonor dans le cas de subir une réprimande. Comment l'en dédommager ? (*Tirant un écrin de sa poche :*) Tenez, je possède là un bracelet dont on vante beaucoup le prix et le travail..., Léonor ne restera pas toujours au couvent, l'usage des bijoux ne lui est pas à jamais interdit... (A Inès:) Veuillez être assez obligeante pour lui faire accepter celui-ci de ma part.

INÈS (*prenant l'écrin*).

Je vais le lui porter, mais la contraindre à l'accepter, cela ne m'est point permis.

ZAIDA.

Auparavant, vous plairait-il de voir ce bracelet? Ouvrez l'écrin (*Inès l'ouvre*). C'est le travail du joaillier le plus habile et le plus renommé de Grenade, et quand je dis de Grenade, cela signifie du monde entier... Car on nous rendait du moins cette justice de reconnaître, qu'en fait de luxe et d'élégance, nous n'avions pas d'égaux. (*A Inès*:) Est-ce aussi votre avis, à n'en juger que par cet objet?

INÈS.

Je n'ai jamais rien vu d'aussi éblouissant ni d'aussi beau.

ZAIDA (*à Laurence*).

Et vous, mademoiselle?

LAURENCE (*regardant de loin avec indifférence*).

Moi, je ne saurais dire, je ne me connais aucunement à ces sortes de choses.

ZAIDA.

Elles ne valent seulement pas la peine que vous vous approchiez pour les regarder. Mais vous, Inès, j'y songe, si ce bijou vous tentait le moins du monde, gardez-le.

INÈS.

Oh! non, non, je ne me permettrais pas... d'ailleurs je ne dois pas en priver Léonor.

ZAIDA.

Léonor n'y perdra rien. J'ai autre chose à lui offrir. Ainsi, pas de scrupules, et faites-moi l'amitié d'accepter ce petit présent.

INÈS.

Tant de générosité me confond. Et j'aime mieux, en acceptant, m'exposer à quelque blâme que de vous mécontenter par un refus.

ZAIDA.

Enfin ! voilà donc que j'ai pu gagner le cœur d'une nouvelle amie. Ne vous gênez pas, Inès, et, si cela maintenant vous embarrasse, portez-le dans votre chambre.

INÈS.

Merci de cette permission (*Elle sort par la gauche*).

SCÈNE IX.

ZAIDA, LAURENCE.

ZAIDA (*à part*).

En voilà deux de vaincues ! Mais ce n'est rien encore ; c'est de celle-ci que je tiens surtout à triompher. — Il faut qu'elle succombe, et qu'elle succombe honteusement. Attaquons (*Prenant un ton doux :*) Pour vous, Laurence, il est inutile que je songe à vous rien offrir, afin de mériter qu'en retour vous me donniez votre amitié ?

LAURENCE.

Princesse, en effet, cela est inutile, car, mon amitié, vous l'avez déjà.

ZAÏDA.

Alors, prouvez le moi en ne me traitant plus que comme une égale, et en me permettant à moi-même d'être familière et tout à fait libre avec vous.

LAURENCE.

Je ne demande pas mieux, Zaïda.

ZAIDA.

A la bonne heure. A propos, ne m'avez-vous pas dit que toute recherche dans la toilette, toute coquetterie vous est ici défendue ?

LAURENCE.

Je vous l'ai dit, et ce costume uniforme que nous portons vous le confirme bien.

ZAIDA.

Mais point du tout. Ce costume vous sied à ravir et relève merveilleusement votre beauté.

LAURENCE (*riant*).

Ma beauté ! que dites-vous là ?

ZAIDA.

Quelque chose qui n'est pas nouveau pour vous, j'imagine, et que bien d'autres vous ont dit avant moi.

LAURENCE.

Mais non, jamais.

ZAIDA.

Oh! cela vous a été dit, je le parie. Ne fût-ce que par votre miroir?

LAURENCE.

Il ne me sera pas difficile de vous prouver que non, et, par une raison bien simple : c'est que je n'ai pas de miroir.

ZAIDA.

Ce n'est pas possible!

LAURENCE.

Sachez que la règle nous en interdit l'usage absolument. Et si, par malheur, on trouvait un miroir dans la chambre de l'une de nous, vous n'imaginez pas quelle humiliante pénitence la coupable aurait à subir.

ZAIDA.

Vous me faites frémir. Mais alors, moi...

LAURENCE.

Vous serez dispensée de la règle.

ZAIDA.

A la bonne heure ! Car, quoique je sois infiniment loin d'avoir autant de beauté que vous, j'avoue que j'éprouve encore quelque plaisir à me regarder. Comment trouvez-vous mon costume ?... Bien étrange, n'est-ce pas ?

LAURENCE.

Je le trouve aussi gracieux que riche.

ZAIDA.

On prétend que cette coiffure est lourde et sans grâce... Mais je suis sûre que, si elle ornait quelque tête charmante, la vôtre, par exemple... Au fait, je serais curieuse de vous voir coiffée de mon turban.

LAURENCE.

Quelle idée ! et à quoi bon ?

ZAIDA.

Ah ! écoutez, il faut que je vous en prévienne... Il me vient parfois de singuliers caprices... Dame ! je n'ai pas été élevée aussi bien que vous, ni aussi pieusement... C'est pourquoi, si vous voulez être mon amie, il sera bon que vous me cédiez de temps en temps, et surtout que vous vous gardiez bien d'exciter ma fantaisie en vous y opposant.

LAURENCE.

Je tâcherai de me conformer à cet avertissement.

ZAIDA.

Je vous disais donc que je voudrais bien voir comment ce turban, cette écharpe, enfin toute ma parure irait à une belle jeune fille.

LAURENCE.

Tout cela lui irait à merveille, et, pour vous en assurer, vous n'avez qu'une chose à faire...

ZAIDA.

Quoi donc ?

LAURENCE.

Vous regarder.

ZAIDA.

Non... L'on ne juge jamais bien de ces choses-là sur soi-même... Mais c'est vous que je désirerais admirer.

LAURENCE.

Renoncez à ce désir-là.

ZAIDA.

Ah ! voici que vous excitez ma fantaisie.

LAURENCE.

Pourtant, remarquez...

ZAIDA (*s'emportant*).

Je n'entends plus rien... Il faut qu'elle soit satisfaite ! Ou bien, alors...

LAURENCE.

Alors ?...

ZAIDA (*se calmant tout à coup*).

Ah! pardon, Laurence! Je suis folle... Oubliez ce que je vous demandais... Exiger que la fille du maître s'abaisse et s'humilie jusqu'à s'affubler des vêtements de l'esclave !

LAURENCE.

Ah! Zaïda, pouvez-vous m'imputer un si ridicule orgueil ?

ZAIDA.

Il est légitime, et je ne vous le reproche pas.

LAURENCE.

Alors, pour vous prouver que vous me l'imputez à tort, permettez que je me pare de toutes vos richesses, c'est moi qui vous le demande.

ZAIDA (*à part*).

Allons donc ! (*Haut :*) Non, Laurence, non, je n'imposerai pas ce sacrifice à votre cœur trop enclin à la générosité et à la compassion.

LAURENCE.

Faut-il maintenant que je vous prie ?...

ZAIDA.

Vous le voulez ! Eh bien, j'y consens, mais à condition que je vous servirai de camériste. Oh ! ne résistez pas. Voyons ! asseyez-vous là (*Elle force Laurence à s'asseoir*). Il faut d'abord que j'enlève ces voiles jaloux qui nous cachent votre chevelure... (*Elle ôte le voile de Laurence.*) Et quel dommage ! vous l'avez si abondante et si belle !

LAURENCE.

Mais voulez-vous bien ne pas vous récrier ainsi sur ma prétendue beauté ! Savez-vous qu'à la fin je serais assez faible et assez sotte pour y croire !

ZAIDA (*à part*).

Elle est vaincue ! (*Haut :*) Pardonnez-moi, je suis très-franche, et j'ai du moins ce mérite de rendre toujours justice aux qualités et à la supériorité d'autrui. A présent, dressez un peu la tête... que je vous ajuste ce turban (*Elle a ôté son turban et elle en coiffe Laurence*).

LAURENCE (*pendant que Zaïda la coiffe*).

Aïe ! vous me faites mal !

ZAIDA (*avec indifférence*).

Ce n'est rien... Qu'importe !

LAURENCE.

Comment, qu'importe ? Mais cette coiffure me gêne affreusement.

ZAIDA.

Ah ! mais écoutez donc, pour paraître belle et pour plaire, il faut bien souffrir un peu. Cependant, si cette gêne était par trop grande, je pourrais vous coiffer d'une autre manière... Seulement, cela vous irait moins bien. Que ferai-je ?

LAURENCE.

Laissez les choses comme elles sont.

ZAIDA.

Maintenant l'écharpe (*Elle la lui met*). Remarquez comme cette étoffe est soyeuse et légère.

LAURENCE (*regardant et touchant un des coins de l'écharpe*).

En effet, c'est merveilleux ! (*Pendant que Zaïda la*

pare de son collier de perles et de ses bijoux :) Que me mettez-vous encore ?

ZAIDA.

Mes perles, mes joyaux. Vous ne sauriez concevoir tout ce que ces ornements communiquent d'éclat et de prestige à la beauté. Enfin, voilà qui est terminé ! Ah ! Laurence, que n'y a-t-il ici toute une cour, afin de vous rendre les hommages dont vous êtes digne ! Laissez-moi, pour vous admirer à loisir, me mettre à vos genoux... (*Elle s'incline comme pour s'agenouiller devant Laurence.*)

LAURENCE (*l'empêchant*).

Arrêtez... Vous moquez-vous ?

ZAIDA.

Mais, j'y songe, il vous manque encore quelque chose.

LAURENCE.

Quoi donc ?

ZAIDA (*allant dans la chambre*).

Attendez.

LAURENCE.

C'est trop de peine ; non, Zaïda, n'allez pas... d'ailleurs, que peut-il me manquer ?...

ZAIDA (*rentre en tenant quelque chose qu'elle cache derrière son dos*).

Une chose très-essentielle. Vous allez en juger.

LAURENCE.

C'est ?...

ZAIDA (*présentant à Laurence un miroir*).

De vous voir.

LAURENCE (*détournant la tête*).

Un miroir ! oh ! Zaïda, cachez cela, remportez-le.

ZAIDA.

Oui, tout à l'heure, après que vous aurez eu le temps de vous contempler.

LAURENCE.

Non, non, sur-le-champ... ou, de mes mains, j'arrache, je jette tous ces objets...

ZAÏDA (*d'un ton doux et caressant*).

Laurence, voyons, de bonne foi, n'êtes-vous pas trop scrupuleuse? Quel mal y a-t-il à regarder ce doux visage qui vient du Créateur? N'est-ce pas lui, ce même Créateur, qui a placé les plus jolies fleurs sur le bord des clairs ruisseaux, afin qu'elles pussent s'y mirer tout le jour? Ne pas vouloir seulement connaître votre beauté, mais c'est mépriser le don qui vous en a été fait. Aussi, ne résistez plus... Laurence, allons, un seul regard... (*Laurence avait fermé les yeux; elle les ouvre à demi, et paraît prête à céder, quand Zaïda, fatiguée de prier, ajoute avec humeur:*) Ah! c'est impatientant, à la fin! laissez-vous donc tenter.

LAURENCE (*se levant avec fierté*).

Ah! c'était pour me tenter !... En effet, je comprends maintenant ces mielleux propos, ces flatteries et ces louanges, ce désir si vif de me voir ainsi parée... (*A Zaïda qui paraît confuse:*) Oh! ce n'est pas à vous que je m'en prends, Zaïda, mais à toi, méchant esprit, à toi, vil tentateur, qui me parlais par la bouche de cette jeune fille que sa fausse religion te soumet ! Arrière donc à présent, car tu t'es trahi toi-même, et tu ne peux plus espérer de me séduire ! Zaïda, croyez que je ne vous en aime pas moins. Vous plaît-il de m'aider à me débarrasser de tout cela ? (*Zaïda l'aide sans rien dire et place tous ses ajustements sur une table voisine. On entend les tintements d'une cloche*). Ciel ! l'office qui sonne ! il était temps ! (*Remettant son voile*) : Zaïda ! cette cloche qui tinte m'appelle à la prière... (*Léonor et Inès sortent de leurs chambres et se dirigent en silence vers la porte du fond.*) Voici Léonor et Inès qui s'y rendent elles-mêmes. A moins qu'il ne vous plaise de me suivre, permettez-moi de vous quitter.

ZAIDA (*d'un ton bref et sans regarder Laurence*).

Allez.

SCÈNE X.

ZAIDA (*seule*).

Me voir ainsi traitée ! Essuyer de pareils mépris, un tel affront ! Ah ! je me vengerai ! Mais par quel moyen ? Je le sais. « Si, par malheur, m'a-t-elle dit, on trouvait un miroir dans la chambre de l'une de nous, vous n'imaginez pas quelle humiliante pénitence la coupable aurait à subir. » Eh bien, altière Laurence, cet objet défendu sera trouvé chez toi, et, si je n'ai pu te contraindre à pécher, du moins j'aurai la satisfaction de te voir punir! Ne perdons pas de temps... Sa chambre (*indiquant une porte à gauche*), la voici. Portons-y ce miroir (*Elle fait quelques pas et s'arrête*). Est-ce permis, ce que je vais faire là? Que dirais-je moi-même, si cette ennemie avait recours à quelque traître procédé de ce genre pour me noircir? Mais elle n'en a pas le droit : sa religion le lui défend. La mienne, au contraire, me le permet ; que dis-je, elle me le commande... Oui, elle me commande de me venger... J'obéis. (*Elle entre dans la chambre de Laurence et, au même instant, on entend l'orgue préluder au chant qui va suivre. Zaïda revient promptement sur la scène, et, frappée des sons de l'orgue, elle s'arrête et écoute*). Quelle douce musique, d'où vient-elle?

LAURENCE (*chantant dans la chapelle*).

Air : *Heureux qui ne respire...* (Domino Noir.)

Seigneur! si vos servantes
Ont, par leurs soins pieux,

Leurs prières ferventes,
Trouvé grâce à vos yeux...
Répandez sur le monde
Vos bienfaits les plus doux ;
Que chacun en abonde,
Et n'oubliez que nous.
Oui, faites que chacun en abonde,
Et n'oubliez que nous.

ZAIDA.

Jamais je n'ai rien entendu d'aussi suave, d'aussi ravissant ; ce chant pieux m'a touché l'âme... Et je ne sais pourquoi, mais j'ai honte à présent de la mauvaise action que je viens de commettre... il faut à l'instant la réparer (*Elle se dirige vers la chambre de Laurence, puis elle s'arrête au bruit d'un nouveau prélude*).

On va recommencer... écoutons encore... et même, si c'est possible, tâchons de voir (*Elle soulève la tapisserie*).

LAURENCE.

Père, contre vous-même...

ZAIDA (*laissant tomber la tapisserie*).

Elle ! c'est elle qui chante ainsi ! Ah ! je ne l'écouterai pas, et je ne réparerai rien ! (*Elle vient se placer près de la fenêtre, affecte de ne pas entendre, et regarde au dehors.)*

LAURENCE (*dont le chant s'est continué pendant l'a-parté de Zaïda*).

> Si des enfants ingrats
> Ont lancé le blasphème,
> Ne les punissez pas.
> Mais, en retour des crimes,
> Comme votre courroux
> Exige des victimes,
> Prenez-les parmi nous.
> Oui, Père, s'il vous faut des victimes,
> Prenez-les parmi nous.

ZAIDA (*regardant à la fenêtre*).

Si je ne me trompe, voilà... oui, voilà mon messager qui revient... Il tient une lettre... il me la montre... Une réponse d'El-Féri!... quelle joie! Mais comment la faire parvenir jusqu'ici? Ah! rien de plus simple... (*Au mendiant*): Prends une pierre, attaches-y la lettre... Bien, c'est parfait! Maintenant, lance-la... (*Elle se place de côté, et le message tombe au milieu de la scène. Zaïda ramasse, délie la lettre, puis, allant à la fenêtre pour rejeter la pierre, elle dit au mendiant*): Merci! merci! (*Elle revient sur le milieu de la scène en dépliant la lettre*). Lisons vite... (*Regardant d'abord la signature*) : Je ne m'abusais pas... c'est bien El-Féri qui me répond. Il accourt, me dit-il, avec une centaine de braves qu'il a sous la main... (*Sans lire*) : C'est plus qu'il n'en faut pour assiéger un couvent! (*Lisant :*) Il compte sur moi pour lui en ouvrir la porte... Un de ses hommes me donnera le signal de son arrivée en jouant de la guitare sous cette fenêtre (*Cessant de lire*). Très-bien ! j'aurai l'oreille au guet! (*Lisant :*) Il me remercie. Grenade me devra sa délivrance... En retour, on m'en nommera la reine. (*Fermant la lettre :*) Que m'importe, pourvu que Grenade soit libre !... et elle le sera. Le succès est certain. A votre tour, fière Isabelle, vous allez être ma captive... mais ne craignez rien, j'ai à cœur de vous prouver que je ne vous le cède ni en savoir-vivre, ni en générosité. J'entends du bruit... On quitte le lieu de prière, on va revenir ici. Eloignons-nous (*Elle emporte ses ajustements qu'elle avait placés sur la table*). Allons en toute hâte préparer un stratagème qui me procure, avant de sortir d'ici, la satisfaction de voir la fille de don Rodrigue punie et humiliée à son tour (*Elle sort*).

SCÈNE XI.

ISABELLE, L'ABBESSE, LAURENCE, INÈS, LÉONOR puis ZAIDA.

ISABELLE (*Elle est en costume de reine. Son front est orné d'un diadème, et à sa tête est attaché un long voile qui tombe jusqu'à ses pieds*).

Ah! ma mère, qu'il est doux et bon pour l'âme de prier ici! Elle y est affranchie des distractions que donne le monde; et c'est surtout au milieu de cette paix et de ce silence que Dieu daigne converser avec elle. Et vous, Laurence, permettez-moi de vous complimenter; votre chant m'a ravie. Je voudrais que Zaïda vous eût entendue... Mais pourquoi ne la voyons-nous pas ici? Où est-elle?

LAURENCE.

Dans sa chambre, sans doute. Plaît-il à Votre Majesté que je la prie de venir?

ISABELLE.

Ne prenez pas cette peine... Elle vient d'elle-même... La voici! (*Zaïda paraît. Elle s'est revêtue de tous ses ajustements; mais son turban est mis de travers et son écharpe placée d'une façon ridicule.*) Que vois-je ? Zaïda! pourquoi ce désordre dans votre toilette?... Laissez-moi vous rajuster tout cela (*Isabelle remet elle-même le turban et l'écharpe comme il convient*).

ZAIDA.

Quoi! vous-même, Majesté, vous daignez de vos mains... Ah! je suis honteuse de recevoir ainsi vos soins! C'est que, tout à l'heure, il a plu à Laurence d'essayer mon costume...

L'ABBESSE.

Laurence, est-il vrai? (*Laurence rougit et baisse la tête.*)

ZAIDA.

Mère, oh! ne la grondez pas... Il est si naturel à une jeune fille d'avoir une semblable fantaisie... Tout à coup, la cloche venant à sonner, Laurence m'a quittée. J'ai repris mes ajustements; mais, outre que je n'ai ni goût ni adresse, je n'ai pu trouver mon miroir pour le consulter.

L'ABBESSE.

Zaïda, je dois vous prévenir que la règle interdit ici l'usage des miroirs. Gardez le vôtre, si c'est là votre bon plaisir, mais gardez-le dans votre chambre, et qu'il n'en sorte jamais.

ZAIDA.

Je dois vous avouer, ma mère, que, ne sachant rien de cette défense, j'ai apporté mon miroir ici même, et que c'est ici que je l'ai égaré.

L'ABBESSE.

Alors, cherchons-le ; j'attache la plus grande importance à ce que nous le retrouvions au plus tôt (*Elle se met en quête, et tout le monde avec elle*).

ZAIDA.

Je doute que vous y réussissiez mieux que moi. J'ai fureté partout, et je répondrais presque qu'il n'est ni ici ni dans ma chambre.

L'ABBESSE.

Il s'ensuivrait qu'il doit se trouver chez l'une de ces demoiselles ; c'est ce que je ne puis croire.

LÉONOR.

Oh! d'abord il n'est pas chez moi.

INÈS.

Non plus que chez moi, je l'affirme.

L'ABBESSE.

Cependant, mesdemoiselles, pour ne pas manquer à mon devoir, je vous demanderai la permission de visiter vos chambres.

LÉONOR.

Mais, ma mère, puisque je vous jure...

L'ABBESSE (*entrant chez Léonor*).

Raison de plus pour ne pas vous opposer à ma perquisition.

LÉONOR (*murmurant à demi-voix*).

C'est très-injuste!... car, au moins, si nous avions été prévenues...

ISABELLE (*qui entend Léonor, cherche à l'apaiser*).

Ma chère enfant, voyons, ne vous offensez pas...

Pourquoi craindre qu'on entre chez vous, si l'on n'y doit rien trouver ?

L'ABBESSE (*revenant*).

Pardon, Léonor, de mon indiscrétion ! C'est en vain que j'ai cherché dans votre chambre l'objet égaré... Mais souffrez que je vous demande d'où vous vient ce sac de bonbons à moitié vide ?... Répondez.

LÉONOR (*confuse et embarrassée*).

C'est... Zaïda qui a voulu absolument... qui m'a forcée à l'accepter.

L'ABBESSE.

Eh bien, en acceptant, vous n'avez rien fait qui ne vous fût permis. Seulement il a fallu vous abstenir aujourd'hui de goûter à ces friandises. Avez-vous eu cette religieuse précaution ?...

LÉONOR (*balbutiant*).

Je ne sais... j'ai peur que, par distraction...

L'ABBESSE.

Je fais appel au témoignage de Zaïda, et je la prie

de me dire si ce sac était déjà vide en partie, lorsqu'elle vous l'a donné.

ZAIDA (*feignant de parler à contre-cœur*).

Mère, je regrette d'être forcée, pour ne pas mentir, de vous déclarer qu'il était plein et intact. Mais veuillez avoir de l'indulgence : on n'en a mangé que la moitié.

L'ABBESSE (*d'un ton sévère*).

Léonor, vous entendez...

ISABELLE (*à l'abbesse*).

Ma bonne Mère, souffrez que j'intercède, et, à ma prière, veuillez pardonner.

L'ABBESSE.

Soit. Pour toute punition, Léonor, je vous condamne à manger le reste (*Elle lui rend le sac*). Il faut maintenant continuer mes recherches... Inès, c'est chez vous que je vais entrer.

INÈS (*avec assurance*).

Ma Mère, je ne demande pas mieux. Mais il y a, je

l'avoue, un peu de désordre dans ma chambre ; c'est une nécessité que je vous précède, pour le réparer.

L'ABBESSE.

Non, non, restez. J'excuserai votre désordre (*Elle entre*).

INÈS (*murmurant*).

Il est vraiment bien étrange qu'il ne nous soit pas seulement permis...

ZAIDA.

Combien je suis désolée d'avoir, par mon étourderie, causé ici tant de trouble !

L'ABBESSE (*revenant*).

Rien encore, je n'ai rien trouvé... (*montrant un écrin :*) Mais, Inès, à quoi cela sert-il ? à renfermer un objet de parure, si je ne me trompe.

INÈS.

Oui, ma Mère, c'est un présent de Zaïda.

L'ABBESSE.

A la bonne heure ! Cet objet pourra vous servir

plus tard, mais vous savez qu'il ne se porte pas ici. Permettez-vous qu'on le regarde ? (*Elle ouvre l'écrin.*) Eh bien la boîte est vide ! où donc est le joyau ?

INÈS (*embarrassée*).

C'est étonnant ! je croyais... je ne sais ce que j'en aurai fait... Peut-être qu'au milieu de tout ce désordre...

L'ABBESSE (*lui prenant le bras*).

Vous manquez de mémoire... tenez, le voici, attaché à votre bras. (*D'un ton sévère :*) Pourtant, Inès, vous n'ignoriez pas...

ISABELLE.

Ah ! ma Mère, ayant été indulgente une première fois, vous voilà forcée de l'être une seconde.

L'ABBESSE.

C'est juste. Je pardonne. Mais ce miroir ! Inutile que j'aille le chercher dans la chambre de Laurence ?

INÈS ET LÉONOR (*à demi-voix*).

Et pourquoi pas ?

LAURENCE (*qui a entendu*).

En effet, ma Mère, pourquoi pas? Entrez, je vous prie. N'ai-je pas donné l'exemple d'une fragilité moins excusable encore que celle de mes sœurs? (*L'abbesse entre chez Laurence.*)

ISABELLE.

Vous avez un calme, Laurence, qui prouve effectivement qu'on pouvait se dispenser d'entrer chez vous.

L'ABBESSE (*revenant le miroir à la main*).

Il était là!

ISABELLE.

Se peut-il!

LAURENCE (*éperdue*).

Ah! ma Mère, ne croyez pas...

L'ABBESSE.

Je ne demande pas mieux, ma fille, que de ne pas vous croire si coupable. Mais voyons, que pouvez-vous alléguer?

LAURENCE.

J'alléguerai, j'affirmerai que j'ignorais que ce miroir fût dans ma chambre, que ce n'est pas moi qui l'y ai porté.

L'ABBESSE.

Qui donc, alors ?

LAURENCE.

Je ne sais... (*Regardant Zaïda :*) Peut-être, par inadvertance...

ISABELLE.

Au fait, n'est-ce pas vous, Zaïda, qui auriez placé ce miroir chez Laurence, soit qu'ignorant la règle, vous eussiez voulu lui en faire don, soit que la connaissant, vous n'eussiez cru commettre qu'une espièglerie? En tout cas, vous seriez excusable et bien vite excusée. Aussi je ne doute pas que, pouvant sauver Laurence d'une très-périlleuse situation, vous ne confessiez que la faute vient de vous, si faute il y a.

ZAIDA.

Majesté, j'admire tout l'intérêt que vous portez à celle que l'on accuse, puisque, pour l'épargner, vous ne me conseillez pas moins que de mentir et de m'accuser moi-même. Mais la vérité m'est plus chère encore que le désir de vous satisfaire, et je ne puis rien avouer de ce que vous me demandez.

L'ABBESSE.

Enfin, Laurence, ou il faut que vous ayez dérobé ce miroir à Zaïda... et, dans ce cas, je m'étonne que vous n'ayez pas au moins pris soin de le cacher ; ou bien c'est la main d'une ennemie qui, par je ne sais quel motif d'envie et de vengeance, l'aura déposé chez vous à votre insu... Cependant, il est difficile de croire à tant de noirceur et de lâcheté ! Quoi qu'il en soit, parlez, Laurence, déclarez-nous la vérité ; je vous connais, et à mes yeux vous méritez assez d'estime pour qu'on ne doive point douter de la sincérité de vos paroles.

LAURENCE (*Elle hésite à répondre, regarde Zaïda qui baisse les yeux devant elle, et lui laisse voir toute sa confusion et sa crainte. Alors Laurence, élevant son regard vers le ciel et offrant à Dieu son sacrifice, dit à l'abbesse :*)

Je n'ai rien à dire pour ma défense ; ma Mère, condamnez-moi.

L'ABBESSE (*bas à Isabelle*).

Elle est coupable ! j'avoue que je ne le croyais pas (*On entend au-dehors un air vif et gai joué sur la guitare*).

ISABELLE.

Qu'est-ce que cette musique ?

ZAIDA (*à part*).

C'est le signal ! (*Elle court à la fenêtre.*)

L'ABBESSE.

Zaïda voudra bien nous le dire.

ZAIDA.

Il n'y a là qu'un mendiant qui espère, avec tout ce bruit, se créer plus de titres à notre pitié.

ISABELLE (*à Zaïda*).

Satisfaites-le, je vous prie, et qu'il s'éloigne. (*A l'abbesse :*) Vénérable Mère, j'oserai encore implorer la grâce de Laurence.

L'ABBESSE.

Hélas ! il m'est impossible, cette fois, de céder au désir de Votre Majesté.

INÈS.

Ah ! ma Mère, laissez-vous fléchir !

LÉONOR.

Vous avez été si indulgente pour nous !

L'ABBESSE.

Mes enfants, je ne demanderais pas mieux que de toujours pardonner ; mais les fautes que la règle a prévues, il faut qu'elles soient expiées comme l'ordonne la règle. Mon autorité ne va pas jusqu'à pouvoir l'empêcher (*Zaïda, sur l'invitation d'Isabelle, a jeté une pièce d'argent au-dehors, et a fait au musicien signe de s'éloigner. Elle ne quitte la fenêtre qu'après que les sons de la guitare, se perdant dans le lointain, ont tout à fait cessé de s'entendre ; alors elle traverse la scène et se dirige vers sa chambre*).

ISABELLE (*voyant Zaïda se retirer*).

Vous nous quittez, Zaïda ?

ZAIDA.

Pardon ! il m'est trop pénible de voir punir (*Elle sort*).

SCÈNE XII.

ISABELLE, L'ABBESSE, LAURENCE, LÉONOR, INÈS.

ISABELLE

Au moins, ma Mère, promettez-moi d'alléger la peine autant que possible.

L'ABBESSE.

La peine est spécifiée en termes précis ; je n'y puis rien changer. La coupable sera soumise à une pénitence publique. Durant un mois, elle ne doit point entrer dans l'église ; mais, se tenant sur le seuil, vêtue de l'étoffe la plus grossière, à genoux sur la cendre, elle dira à chacun des fidèles qui passeront près d'elle : « J'ai péché, priez pour moi. »

ISABELLE (*bas à l'abbesse*).

Ah ! franchement, ma Mère, je ne dois pas souffrir

que la fille de don Rodrigue essuie une pareille humiliation.

L'ABBESSE (*bas à Isabelle*).

Votre Majesté n'a qu'un seul moyen de l'empêcher : c'est en retirant d'ici la fille de don Rodrigue.

ISABELLE.

S'il n'est, en effet, que ce moyen, j'y recourrai. (*A Laurence :*) Laurence, préparez-vous à quitter aujourd'hui le couvent ; je vous emmène avec moi.

LAURENCE.

Si Votre Majesté n'agit ainsi que pour me rendre service et me soustraire au châtiment, j'oserai lui déclarer que je préfère le subir et rester ici.

ISABELLE (*avec aigreur*).

C'est-à-dire, Laurence, que vous êtes trop fière pour consentir à rien devoir à ma pitié. Restez donc, et portez la peine de votre faute et de cet excès de fierté. (*Se tournant du côté de la porte :*) Qui vient là ?

SCÈNE XIII.

LES MÊMES, JACINTHE,

JACINTHE (*accourant*).

Ah ! ma Mère ! ma Mère !

L'ABBESSE.

Qu'y a-t-il, Jacinthe ? Et pourquoi tant de précipitation ?

JACINTHE.

Il y a que des troupes de mécréants se réunissent autour du couvent... Il en vient de tous côtés... Ils sont armés jusqu'aux dents, et jamais je n'ai vu mines aussi farouches !

L'ABBESSE.

Que m'annonces-tu là ? cours, Jacinthe, et dis à ton père qu'il ferme avec soin toutes les portes du couvent.

JACINTHE.

C'est déjà fait... et fait par moi... car, par malheur, mon père est absent... il est allé jusqu'au prochain village.

L'ABBESSE.

Je vais y voir moi-même. Votre Majesté permet...
(*Elle sort*).

SCÈNE XIV.

ISABELLE, LAURENCE, INÈS, LÉONOR, JACINTHE.

ISABELLE (*à Jacinthe*).

J'espère, Jacinthe, que la peur vous aura fait exagérer la chose... Voyons ! au juste : que se passe-t-il dehors ?

JACINTHE.

Si vous ne me croyez pas, Madame la Reine, regardez-y vous-même... Tenez, de cette fenêtre... (*Jacinthe se place à la fenêtre.*) Les apercevez-vous ? comme ils accourent !

ISABELLE (*prenant la place de Jacinthe et regardant*).

Avec des torches ! des échelles ! qu'est-ce que cela signifie ?

JACINTHE (*au désespoir*).

Cela signifie que c'est à vous qu'ils en veulent, et que c'est moi qui vous aurai perdue... oui, moi, par mon indiscrétion. J'ai dit à mon père que la Reine était au couvent... Mon père l'a été redire au village... et la nouvelle sera parvenue jusqu'à ces mécréants, vos ennemis. Ah! pourquoi faut-il que je me sois trouvée ici, quand la nouvelle pensionnaire que vous amenez a fait connaître votre nom à ces demoiselles!

ISABELLE.

C'est donc Zaïda qui a les premiers torts... elle ne demandera pas mieux que de les réparer. Appelez-la, je vous prie.

JACINTHE (*après avoir frappé à la porte de Zaïda*).

Personne ne répond.

ISABELLE.

Alors, entrez.

JACINTHE (*ouvrant la porte et regardant*).

Je ne vois personne : mais la porte qui donne sur le jardin est toute grande ouverte...

ISABELLE.

Donc Zaïda est descendue au jardin. Courez la chercher, ou plutôt attendez... (*Indiquant la porte du fond.*) J'entends de ce côté... c'est elle, peut-être... (*L'Abbesse paraît*). Non, c'est notre révérende abbesse... Eh bien, Mère ?

SCÈNE XV.

LES MÊMES, L'ABBESSE.

L'ABBESSE.

Eh bien, Votre Majesté a été trahie, trahie par Zaïda, qui ouvrait nos portes à l'ennemi. Grâce au ciel, je suis arrivée à temps pour m'opposer aux desseins de la perfide, et, la mettant elle-même sous clé, j'ai voulu qu'elle fût hors d'état de nous nuire.

ISABELLE.

Fort bien ! Il faut maintenant savoir ce que veut l'ennemi.

L'ABBESSE.

Je le sais. « La reine d'Espagne est dans vos murs, »

m'a crié le chef de ces bandits... « vous nous la livrerez... A cette condition, il ne vous sera fait aucun dommage; sinon, par le fer ou par le feu, tout ce qu'il y a de monde en ces murs périra. »

ISABELLE.

Et qu'avez-vous répondu ?

L'ABBESSE.

Convenait-il que je répondisse rien à un tel homme et à de telles propositions ?

ISABELLE.

Mais impossible de nous défendre contre ces bandits; nous sommes ici loin de tout secours... Dans quelques heures, ils seront maîtres de ce couvent... Et croyez bien qu'ils sont gens assez cruels pour exécuter tout ce dont ils vous menacent.

L'ABBESSE.

Eh bien ! nous sommes toutes prêtes à mourir pour notre reine.

ISABELLE.

Mais, en mourant pour elle, vous ne la sauverez pas.

L'ABBESSE.

Peut-être... Je sais un moyen de faire évader Votre Majesté.

ISABELLE.

Et pouvez-vous croire que vous obtiendrez jamais de moi que je profite de ce moyen? Quoi! pour ne sauver que ma vie, je consentirais au sacrifice de toutes les vôtres!

L'ABBESSE (*d'un ton de désespoir*).

Que faire alors?

ISABELLE.

La seule chose raisonnable et possible... Il faut me livrer.

L'ABBESSE.

Ah! jamais.

ISABELLE.

Il le faut. Et, en vertu de mon autorité royale, j'ordonne que les portes me soient ouvertes sur-le-champ.

L'ABBESSE.

Votre Majesté a le droit de dicter des ordres à tout un peuple... Mais ce royal pouvoir s'arrête au seuil de ce couvent ; ici, l'autorité n'appartient qu'à moi... Les portes ne s'ouvriront pas.

ISABELLE.

Elles s'ouvriront, vous dis-je, et sous ma propre main. Pardon, ma Mère, de vous désobéir... Mais si je ne suis autorisée par mon droit, je le suis du moins par mon devoir. Adieu ! (*Elle fait quelques pas pour sortir.*)

LAURENCE (*se jetant devant elle*).

Ah ! Reine, arrêtez !

ISABELLE (*sèchement*).

Que me voulez-vous ?

LAURENCE.

J'implore une grâce, une faveur insigne...

ISABELLE.

Parlez... Quelle faveur ?

LAURENCE.

Celle de me livrer pour Votre Majesté.

ISABELLE.

Vous! Mais d'abord en êtes-vous digne?

LAURENCE.

Ah! si toute mon indignité ne vient que de la faute qui m'est imputée, je le déclare ici, et je prends le ciel à témoin que je ne déclare rien que de vrai : cette faute, on me l'impute injustement. En consentant à passer pour coupable et à subir la peine, j'ai voulu, le dirai-je, donner à ma calomniatrice une leçon de dévouement, et lui faire voir ce qu'il y a de charité dans l'âme d'une chrétienne.

ISABELLE.

Laurence! Est-il possible? Ah! pardon! pardon de mes soupçons et de mes injures! Comment les réparer?

LAURENCE.

En m'accordant la faveur que j'ai demandée.

ISABELLE.

Ah! voilà bien la fille de don Rodrigue! Mais, non, Laurence, je ne vous accorderai jamais cela... n'insistez plus.

LAURENCE.

Que Votre Majesté daigne réfléchir à ce qui arrivera, si elle se livre elle-même. Ces ennemis, dont la défaite et l'expulsion ont coûté à l'Espagne de si longs efforts et la vie de tant de milliers d'hommes, ces ennemis tenant notre reine prisonnière, exigeront que, pour sa rançon, on leur rende Grenade et toute l'Andalousie. Or, il est certain que, pour racheter Votre Majesté, le roi Ferdinand n'hésiterait pas à donner tout son royaume. Eh bien, une pauvre jeune fille, dont la vie est inutile, peut, en se sacrifiant, conjurer tout le péril, et empêcher qu'un sang bien autrement généreux et précieux que le sien ne recommence à couler dans de nouvelles guerres. O reine, si vous ne voulez pas de son sacrifice pour vous-même, acceptez-le du moins pour l'Espagne, et ne lui enviez pas le bonheur de marcher au martyre pour assurer le règne et le triomphe de sa foi.

ISABELLE.

Noble enfant ! Qu'il soit donc fait ainsi que vous le voulez. Aussi bien, je n'ai pas le droit de vous frustrer de la belle récompense que Dieu réserve à cet héroïque dévouement (*Elle se dépouille de son voile et de son diadème*). Approchez, que je vous attache ce voile qui doit favoriser votre pieuse ruse, et recevez mon diadème sur ce front vraiment digne d'une couronne. Et maintenant, allez, ô ma libératrice... je m'incline à votre passage... A genoux ! à genoux ! devant la future patronne de l'Espagne, devant la prédestinée de Dieu ! (*Tout le monde s'agenouille devant Laurence qui sort à pas lents, en donnant la main à l'abbesse. Pendant cette sortie, l'orchestre fait entendre une musique qui se continue pendant la scène suivante.*)

SCÈNE XVI.

ISABELLE, INÈS, LÉONOR, JACINTHE.

ISABELLE (*Elle reste à genoux, mais les autres personnages se sont relevés*).

« Notre-Dame de Zubia, vous m'êtes témoin qu'il m'eût semblé moins dur de donner mille fois ma vie que de la voir ainsi rachetée par celle d'autrui... Prenez donc ma peine en pitié !... Hélas ! le danger est inévitable, le salut impossible !... Pourtant, ô Notre-Dame, si vous le voulez, vous pouvez nous sauver... vous pouvez faire que le sacrifice de cette tendre et pure victime ne se consomme point, et qu'elle en recueille toute la récompense et la gloire, sans en subir la cruelle épreuve. Un miracle ! voilà ce que j'ose implorer, ce que j'ose attendre de vous, ô Notre-Dame ! Oui, je l'attends avec confiance, car j'ai placé toute ma foi et tout mon recours en celle qui n'a jamais été implorée en vain. » (*Après avoir accompagné cette prière d'Isabelle, la musique cesse. Isabelle reste à genoux. Tout à coup on entend retentir au dehors des cris de : Vive la Reine ! Vive la Reine ! Les jeunes filles courent à la fenêtre et Isabelle se relève en disant*) : Quels sont ces cris ?

INÈS.

Les cris de tout un peuple qui se rassemble autour du couvent !

LÉONOR.

Que de monde ! et d'où vient-il ?

JACINTHE (*regardant à son tour*).

Je comprends... le secret que j'ai trahi, puis qu'a trahi mon père, puis qu'auront trahi d'autres bavards, ce secret aura circulé de village en village... et tous nos paysans sont accourus pour saluer leur reine... Voilà pourtant comme, d'indiscrétion en indiscrétion, un secret peut faire le tour du monde.

ISABELLE.

Ah! Jacinthe, félicitez-vous de votre indiscrétion ; elle est le moyen par lequel il a plu à Dieu de nous sauver.

JACINTHE (*à la fenêtre*).

Nous sauver! Au fait... et les mécréants, que sont-ils devenus ?... Ah! voyez-les donc là-bas qui s'enfuient et se cachent dans la montagne!
(*On entend de nouveau les cris de : Vive la Reine! Vive la Reine!*)

ISABELLE (*voulant se placer à la fenêtre*).

Jamais pareilles acclamations ne m'ont tant réjouie... Laissez-moi parler à ces braves gens et les remercier.

JACINTHE (*ne se dérangeant-pas*).

Vous, Madame, mais vous n'êtes pas la Reine! La Reine, elle est là sur le seuil du couvent, recevant leurs hommages et leurs suppliques... D'ici vous pouvez la voir... Mais non, il n'est plus temps... Elle fait des signes d'adieu et se retire...

(*Acclamations plus bruyantes et plus prolongées*).

ISABELLE.

Elle revient près de nous... (*Se dirigeant vers la porte :*) Allons au-devant d'elle... (*Au moment où Isabelle se prépare à sortir, Laurence paraît.*) Laurence! (*Isabelle la reçoit dans ses bras et la couvre de baisers, puis, levant les yeux vers le ciel, elle s'écrie :*) Ah! Notre-Dame, merci!

SCÈNE XVII.

ISABELLE, LAURENCE, INÈS, LÉONOR, JACINTHE.

LAURENCE (*Elle a les mains pleines de pétitions*).

En prenant la place de Votre Majesté, je voulais

lui épargner un sacrifice ; je n'ai fait que lui ravir un triomphe.

ISABELLE.

Vous n'en avez pas moins de mérite, et moi, certes, je n'en dois pas avoir moins de reconnaissance.

LAURENCE.

Mais je dois prévenir la Reine que je l'ai considérablement endettée vis-à-vis de ses sujets... On m'a demandé une infinité de grâces... (*Montrant les pétitions*). Voyez plutôt... j'ai tout accordé.

ISABELLE.

La Reine, croyez-le bien, se fera une religion d'acquitter toutes vos promesses.

LAURENCE.

Maintenant, que Votre Majesté me permette de lui rendre ses insignes... Il est glorieux sans doute de porter un diadème... mais cela fatigue le front et me semble lourd (*Elle veut se dépouiller*).

ISABELLE (*l'empêchant*).

— Attendez... Qui vient là ?

(*L'abbesse paraît amenant Zaïda*).

SCÈNE XVIII.

ISABELLE, L'ABBESSE, LAURENCE, ZAIDA, INÈS, LÉONOR, JACINTHE

L'ABBESSE.

Voici la coupable que j'amène.

ZAIDA (*se jetant aux pieds de Laurence qu'elle prend pour Isabelle*).

O Reine, malgré toute votre clémence, comment espérer de vous fléchir !

LAURENCE (*à Zaïda, et lui montrant Isabelle*).

Vous vous trompez, Zaïda, voici la Reine.

(*Zaïda veut se relever*).

ISABELLE (*à Zaïda*).

Restez. Non, vous ne vous êtes pas trompée en vous jetant aux pieds de Laurence ; elle a été par vous encore plus offensée que moi. C'est elle qui doit vous juger.

ZAIDA.

Oh ! grâce ! Majesté ! jugez-moi vous-même et ne me livrez pas à son juste courroux...

LAURENCE.

Zaïda, rassurez-vous : Laurence vous pardonne. Quant à la Reine, puisqu'elle veut que je prononce pour elle, écoutez sa sentence : Vous retournerez à Grenade, et l'Alhambra, votre ancienne demeure, vous sera rendu. Là, vous vivrez libre, et la reine aura soin que vous y jouissiez de l'opulence qui convient à votre haut rang. Relevez-vous.

ZAIDA (*à part, et se relevant*).

Ai-je bien entendu ?

LAURENCE (*à Isabelle*).

Mon jugement a-t-il l'approbation de Votre Majesté ?

ISABELLE.

Il m'embarrasse, je l'avoue, et il ne s'accorde guère avec les exigences de la politique... Mais je n'ai pas le droit de le révoquer ; je fais à Zaïda la promesse d'y obéir.

ZAIDA.

C'est une autre faveur, et une plus grande, que

j'oserai solliciter. Tous ces sentiments de magnanimité, de charité, de sacrifice, dont on a fait preuve ici devant moi, m'ont pénétrée d'admiration pour la religion qui les inspire, et mon unique désir, ma plus grande joie serait de rester dans ce couvent et de devenir chrétienne.

ISABELLE.

Ah ! Dieu soit loué ! venez m'embrasser, Zaïda ! Vous prendrez ici la place de Laurence qui, de son côté, viendra prendre la vôtre à ma cour. Je vous délivrerai, Laurence, du fardeau de ce diadème, mais je veux que vous régniez avec moi, et même, par le droit que vous donne votre supériorité non moins que ma reconnaissance, je veux que vous régniez sur moi.

LAURENCE.

Je rends mille grâces à Votre Majesté ; mais j'ambitionne quelque chose de plus grand que de régner, c'est de me consacrer au Seigneur. Aussi, que la reine veuille bien, en retour du peu que j'ai fait pour elle, intercéder pour qu'on m'admette aujourd'hui parmi les novices.

ISABELLE.

Qu'il soit fait ainsi que vous le désirez, Laurence! Il est juste, après tout, que le Seigneur se réserve ce qu'il y a de plus parfait.

UN
ÉPISODE D'UN GRAND DRAME

PERSONNAGES :

LA GRAND'MÈRE (soixante et dix ans).
THÉRÈSE (dix-huit ans),
LÉONIE (dix-sept ans),   } ses petites-filles.
CÉCILE (douze ans),
LOUISE (dix ans),
CATHERINETTE, *paysanne.*
FEMMES ET JEUNES FILLES DU VILLAGE VOISIN.

La scène se passe en janvier 1871 dans un des départements qu'arrose la Loire.

Le théâtre représente une chaumière en ruine. Pas de toit. Murs à moitié démolis. Le sol est couvert de neige. On entre par le côté gauche. Au fond, à droite, les vestiges d'une porte donnant accès dans une seconde chambre. Il fait nuit, et la scène n'est éclairée que par le reflet de la neige.

SCÈNE I.

LA GRAND'MÈRE, THÉRÈSE, LÉONIE, CÉCILE, LOUISE.

LA GRAND'MÈRE (*s'appuyant sur Thérèse et Léonie*)

Mes chères filles, arrêtons-nous. Malgré le secours

de vos bras, impossible d'aller plus loin. Mes forces sont à bout. N'est-ce pas ici une maison où nous pourrions passer la nuit?

THÉRÈSE.

Hélas! grand'mère! c'est une maison en ruine, et qui n'a pas même de toit pour nous mettre à couvert et nous garantir de la neige.

LÉONIE.

Attendez! j'aperçois une porte qui mène peut-être à une chambre plus logeable que celle-ci... *(Elle va à la porte du fond et regarde.)* Non... c'est tout aussi ruiné, et, d'après les traces que je vois, ruiné par l'incendie *(Elle revient prendre le bras de la grand'mère).*

LA GRAND'MÈRE.

Donc, habitaient ici de pauvres gens qui, comme nous, ont dû fuir de leur maison en flammes... Avant de gémir sur nous-mêmes, songeons combien la guerre a fait de malheureux pareils à nous.

THÉRÈSE.

Que Dieu les prenne en pitié, et nous avec eux!

LÉONIE.

Voyons! grand'mère, un peu de courage! Est-ce que vous ne marcherez pas bien jusqu'au village voisin? Appuyez-vous sur moi davantage... et même, si vous le voulez, je me sens assez forte pour vous porter.

LA GRAND'MÈRE.

Merci, ma bonne Léonie, et de tes encouragements et de ton appui! Mais je me sens si faible que, si vous ne m'aidez pas bientôt à m'asseoir, j'ai peur de défaillir.

LÉONIE.

Encore si nous pouvions vous préparer un siége... Mais comment vous asseoir sur un monceau de décombres tout recouverts, ce qui est pire, par une neige glaciale?...

LA GRAND'MÈRE.

Il n'importe! laissez-moi... (*Elle s'affaisse sur elle-même.*)

THÉRÈSE (*la soutenant et s'accroupissant près d'elle*).

Grand'mère! ô ciel! allez-vous tomber en défaillance?

LA GRAND'MÈRE.

Non, non. Rassurez-vous mes enfants. Voyons, sommes-nous toutes ici ? Voici d'abord l'aînée, ma chère Thérèse, à côté de moi, à ma droite, pour venir en aide à ma débilité... Et les deux petites, où sont-elles ?

CÉCILE ET LOUISE (*qui étaient restées au fond, se tenant par la main*).

Grand'mère, nous voici !

LA GRAND'MÈRE.

A la bonne heure ! Toi, douce Cécile, notre première communiante d'il y a seulement quelques jours, viens te placer près de moi, à ma gauche, pour me protéger par ta sainteté... (*Cécile s'assied à la gauche de la grand'mère.*) Et toi, petite Louise bien-aimée, assieds-toi devant moi, comme mon ange gardien, pour me défendre (*Louise s'assied en avant*). Quant à Léonie, à cause de son courage que rien n'effraye, elle se tiendra debout, près de nous, en sentinelle, le regard et l'ouïe attentifs à tout ce qui se passe au-dehors.

LÉONIE (*se mettant à son poste*).

Oui, grand'mère, et je veillerai avec d'autant plus de soin, que, plusieurs fois, en me retournant, j'ai cru voir un homme qui nous suivait...

THÉRÈSE.

Est-il possible ? Tu me fais peur !

LA GRAND'MÈRE.

Rassure-toi, Thérèse, et vous toutes aussi, mes enfants, car pourquoi nous suivrait-on ? L'ennemi n'a plus rien à nous prendre, et, si impitoyable qu'on le dise, il y aurait injustice à le croire capable de maltraiter de pauvres êtres aussi inoffensifs que nous. Donc, si quelqu'un avait suivi nos traces, ce serait pour veiller sur nous, pour nous protéger... Mais, vous le savez bien, le seul protecteur qui nous restât, le seul de nos serviteurs qui, malgré nos instances, ait refusé de s'éloigner de nous, le pauvre Baptiste n'est plus. Ainsi donc, Léonie s'est méprise et elle n'a rien vu de réel.

LÉONIE.

Il est certain, grand'mère, qu'il est plus facile à

mes yeux qu'à votre jugement de se tromper. Quoi qu'il en soit, vous pouvez compter sur ma vigilance et, vous et mes sœurs, dormir tranquilles.

LA GRAND'MÈRE.

Dormir ! qu'on s'en garde bien ! Dormir sur un lit de neige peut être mortel. Il faut nous exciter les unes les autres à nous tenir éveillées. *(Prenant entre ses mains la tête de Louise :)* Ma Louise a-t-elle envie de dormir?

LOUISE.

Non, grand'mère.

LA GRAND'MÈRE.

A-t-elle froid ?

LOUISE.

Pas non plus.

LA GRAND'MÈRE.

Et toi, Cécile ?

CÉCILE.

Je n'éprouve ni froid, ni besoin de dormir,

LA GRAND'MÈRE.

Et toi, Thérèse ?

THÉRÈSE.

O grand'mère, puissiez-vous ne pas sentir plus de souffrance, ni même d'incommodité que moi !

LA GRAND'MÈRE.

Eh bien, mes très-chères enfants, que chacune de vous remercie de tout son cœur les deux célestes protectrices de la faveur desquelles nous tenons, d'une façon si extraordinaire, l'exemption de toute souffrance : c'est d'abord votre mère en Jésus-Christ, la sainte Vierge, que nous avons invoquée en nous mettant en route (1); puis c'est votre autre mère, tant pleurée et regrettée, laquelle, depuis qu'elle est au ciel, use surtout pour vous du crédit que lui ont valu, près de Dieu, sa foi vive et ses grandes vertus. Je le répète, mes enfants, remercions-les... Vous m'entendez... vous surtout, les petites ?

---

(1) Un de nos généraux m'a raconté qu'ayant été très-grièvement blessé près d'Orléans, et étant tombé de cheval, il avait aussitôt invo-

LOUISE.

Oui, grand'mère.

CÉCILE.

Et nous faisons, de notre mieux, ce que vous nous recommandez.

LA GRAND'MÈRE (*après une courte pause*).

Au fait, pour combattre le sommeil, rien ne vaut la pratique de la prière. Prions donc, chacune au fond de nous-mêmes, d'abord pour Baptiste qui vient de périr, victime de son attachement pour nous (*Moment de silence, pendant lequel tout le monde semble se recueillir et prier*). Prions encore, ne nous lassons pas de prier pour votre père et vos trois frères, qui sont au fort de la guerre, et dont nous n'avons aucune nouvelle... (*Nouveau moment de silence.*) Puis, maintenant, toi, petite Louise, afin que ton esprit reste bien

---

qué la sainte Vierge; et il m'a déclaré qu'on ne lui ôterait jamais de l'esprit que ce n'ait été par une protection spéciale de celle qu'il avait appelée à son secours qu'il resta étendu dans la neige, sans ressentir ni souffrance ni malaise, depuis quatre heures de l'après-midi jusqu'au lendemain neuf heures du matin. (*Note de l'Auteur.*)

éveillé, dis tout haut la prière que nous faisons chaque jour ensemble pour notre cher et malheureux pays, pour la France... Chacune de nous te suivra du cœur.

LOUISE.

« O Dieu, nous vous supplions, nous vous conjurons de ne pas laisser périr la France ; mais de la relever miséricordieusement de sa décadence, et de la venger miraculeusement de ses ennemis, qui sont aussi les vôtres, ô Dieu de vérité et de justice !

» Nous vous supplions de lui donner le gouvernement le plus conforme à ses besoins, et les institutions les plus favorables à son progrès moral.

» Nous vous conjurons d'y réunir tous les esprits et tous les cœurs dans les mêmes sentiments de foi politique et religieuse, de concorde et de charité fraternelles.

« O Dieu, nous vous supplions, nous vous conjurons de ne pas laisser périr, mais de relever et de venger la France ! »

LÉONIE.

Grand'mère, il faut que je vous interrompe...

j'aperçois, sur la route une lumière qui vient à nous.

LA GRAND'MÈRE.

Enfants, rassurez-vous : qui que ce soit qui vienne avec cette lumière, on ne saurait nous nuire; et peut-être saura-t-on nous aider.

LÉONIE.

C'est une lanterne, et je vois le bras qui la porte; c'est le bras d'une femme.

LA GRAND'MÈRE.

Alors c'est une femme du pays, et, par conséquent, une amie.

LÉONIE (*reconnaissant Catherinette*).

Comment! Mme Catherinette, notre fermière!...

SCÈNE II.

LES MÊMES, CATHERINETTE.

CATHERINETTE (*entrant en scène avec sa lanterne. Le théâtre s'éclaire*).

Est-il, Dieu, possible! mademoiselle Léonie, vous ici, au milieu de la nuit, et par un froid pareil!...

LÉONIE.

Je n'y suis pas seule, ma grand'mère et mes sœurs y sont avec moi... Regardez !

CATHERINETTE (*élevant sa lanterne pour mieux voir*).

Mme la comtesse... et ces chères petites demoiselles !... Comment se fait-il ?... Est-ce que je ne rêve pas ?

LA GRAND'MÈRE.

C'est bien nous, Catherinette. Mais nous ne sommes guère moins étonnées de vous voir cheminer, à pareille heure, avec cette lanterne, que vous de nous rencontrer ici.

CATHERINETTE.

Mon explication, à moi, sera bien courte et bien simple. Ils sont venus, ces chiens de *hurlants* (1), à l'entrée de la nuit, me voler tout mon bétail... J'espérais, en les suivant de loin, rattraper quelque bête égarée... je n'ai rien trouvé. Mais, à votre tour, ma-

(1) Lisez : Uhlans.

dame la comtesse, daignez me dire comment il se fait que vous, qu'on disait malade et d'une extrême faiblesse, je vous trouve ici... Hélas! j'ai peur de deviner... c'est donc vraiment votre château que je viens de voir tout en flammes!...

LA GRAND'MÈRE.

Tu devines juste : L'incendie s'est déclaré cette nuit, tout à coup... et nous n'avons eu que le temps, mes petites filles et moi, de nous vêtir à la hâte et de nous enfuir. C'est chez toi, bonne Catherinette, que nous voulions nous réfugier ; mais, après une heure ou deux d'une marche lente et qu'il a fallu souvent interrompre, je me suis avouée vaincue à moitié chemin, et, j'ai demandé grâce...

CATHERINETTE.

Les barbares! je n'en voulais pas croire mes yeux... et, comme on ne sait guère s'orienter quand il fait nuit : « Tu te trompes, » me disais-je, « ç'a beau être des Prussiens, ils ne se vengeraient pas si lâchement. » Mais je les estimais encore plus qu'ils ne valent; car, il n'en faut pas douter, ils ont brûlé votre château, par rancune contre le général, votre fils, qui, dernièrement, les a étrillés d'une rude façon.

LA GRAND'MÈRE.

Que ce soient eux qui aient mis le feu, c'est possible ; mais ce qu'il y a de certain, c'est qu'ils ne l'ont pas mis pour le motif que tu viens de dire. Lorsqu'après la retraite opérée par mon fils, ils ont pris possession du château, la vérité est qu'ils se sont bornés à me reléguer, avec les enfants de mon fils, dans le bâtiment des domestiques.

CATHERINETTE.

Ce qui était déjà assez brutal et cruel de leur part... une dame de votre âge et de votre condition, et malade par-dessus le marché !

LA GRAND'MÈRE.

Passons là-dessus ; et laisse-moi te raconter le fait qui a pu être cause de l'incendie. Un garde-chasse, qui avait suivi mon fils, n'a pu résister à l'envie de revoir aujourd'hui sa femme et ses enfants. A l'aspect des dégâts commis dans sa maison et à la nouvelle des mauvais traitements dont sa famille avait été l'objet, la colère l'a mis tellement hors de lui, qu'à la tombée de la nuit, il osa venir tout armé jusqu'aux abords du château, et, couchant en joue le premier ennemi qui s'offrit à sa vue, il le tua sur le coup. Aussitôt, grand émoi dans tout le château. Tout le monde s'arme, descend, se met en ligne. Pendant ce temps, le meurtrier avait fui. Lorsqu'après bien des recherches on eut désespéré de le saisir, on vint jusque chez moi arrêter notre vieux Baptiste, et, par une sentence fondée sur je ne sais quelles règles de justice allemande, on le condamna, lui, notoirement innocent, à être fusillé à la place du coupable...

CATHERINETTE (*vivement*).

Oh! maintenant, je comprends... ils se sont vengés sur le château, dans leur fureur de n'avoir pu au moins se venger sur Baptiste.

LA GRAND'MÈRE.

Que nous dis-tu?

CATHERINETTE.

Baptiste leur a échappé. Comme on le conduisait

au supplice, il a fait un crochet, et s'est caché dans le bois.

LA GRAND'MÈRE.

Es-tu sûre de cela ?

CATHERINETTE.

Je le tiens de lui-même. Il est venu, toujours courant, à la ferme, où il a pris des provisions. Quand reparaîtra le jour, Baptiste sera en lieu sûr.

LA GRAND'MÈRE.

Dieu soit loué ! Nous avions, par nos prières, demandé cette grâce, mais, moi du moins, sans espérer l'obtenir.

CÉCILE.

Et moi, grand'mère, j'y comptais.

LA GRAND'MÈRE.

Alors, Cécile, c'est ta confiance qui nous l'a value. A présent, nous avons le cœur à l'aise, et le château peut brûler. N'est-ce pas, mes enfants, puisque c'est là une rançon du salut de Baptiste, que nous la lui donnons volontiers ?

LES ENFANTS.

Oui, grand'mère.

CATHERINETTE.

C'est égal ! ces bandits qui vous ont forcées à fuir en plein hiver et en pleine nuit, ne méritent pas de revoir leur mère ni leurs sœurs ; et je ne les estimerais pas trop punis de brûler eux-mêmes avec le château.

LA GRAND'MÈRE.

Crois-moi, Catherinette, souffrons l'injure avec courage et sans colère ; c'est le moyen d'obtenir que Dieu lui-même prenne soin de nous venger.

CATHERINETTE.

Qu'il en soit comme vous le dites, madame la comtesse ! Mais vous ne pouvez ainsi passer toute la nuit à la belle étoile, et dans la neige... Il nous faut bien vite gagner la ferme.

LA GRAND'MÈRE.

Ecoute-moi bien, Catherinette. Par un bienfait du

ciel, nous n'avons ressenti jusqu'à présent, aucune incommodité. Cependant, pour ces enfants comme pour moi, je ne tiens pas à rester ici indéfiniment... Donc, tu vas presser le pas et, arrivée à la ferme, tu attelleras un cheval à ta charrette et viendras nous chercher.

CATHERINETTE.

Madame oublie, hélas ! que nos écuries sont vides ! Mais ce n'est pas là une difficulté, et je n'en reviendrai pas moins avec ce qu'il faut pour vous transporter. En attendant, je vous laisse ma lanterne... ça tient compagnie, et ce n'est pas si triste que l'obscurité... (*Elle fait quelques pas pour sortir, puis elle revient.*) A propos, si je m'emmenais avec moi les deux plus jeunes... Elles y gagneraient d'avoir quelques heures de moins à souffrir.

LOUISE.

Non, moi, je veux rester avec grand'mère.

CÉCILE.

Et moi, grand'mère, si vous le voulez bien, je désire ne pas vous quitter.

LA GRAND'MÈRE.

Soit ! mes enfants ; moi-même, je suis contente de vous garder. Ainsi, à bientôt, Catherinette !

CATHERINETTE.

Au plus tôt qu'il me sera possible, madame la comtesse (*Elle sort*).

SCÈNE III.

LES MÊMES, EXCEPTÉ CATHERINETTE.

LÉONIE.

Grand'mère, puisque Mme Catherinette nous a laissé sa lanterne, si nous allumions du feu ?

LA GRAND'MÈRE.

L'idée est bonne. Mais, pour faire du feu, il faut du bois, et comment nous en procurer ?

THÉRÈSE (*se levant*).

Qu'à cela ne tienne, grand'mère... Il y a, tout près d'ici, au bord de la route, un bouquet d'arbres...

Léonie et moi, nous y ramasserons en peu de temps de quoi faire un fagot de branches mortes...

LA GRAND'MÈRE.

A merveille ! Allez donc, comme ces enfants qu'il nous est souvent arrivé de rencontrer dans le parc, au temps de notre prospérité, allez vous-mêmes chercher du bois mort, pour réchauffer les membres de vos petites sœurs et de votre vieille grand'mère. En voyant ces enfants, nous nous disions que Dieu bénirait leur piété filiale ; il bénira aussi la vôtre.

THÉRÈSE (*s'en allant*).

Viens-tu, Léonie ? (*Léonie suit Thérèse.*)

LA GRAND'MÈRE.

Attendez ! si vous preniez la lanterne ?...

LÉONIE.

C'est inutile. Elle ne ferait que nous embarrasser, et la neige éclaire assez...

LA GRAND'MÈRE.

Eh bien, soit ! Bonne trouvaille ! (*Thérèse et Léonie sortent.*)

SCÈNE IV.

LA GRAND'MÈRE, CÉCILE, LOUISE.

LA GRAND'MÈRE.

Voyons! que disent les petites? Leur sera-t-il agréable d'avoir ici, tout à l'heure, un bon feu allumé par les soins de leurs aînées?

LOUISE.

Oui, grand'mère, très-agréable.

LA GRAND'MÈRE.

Tu as donc bien froid, ma pauvre Louise?

LOUISE.

Non, je n'ai pas froid; mais, c'est égal, avec du feu, nous serons mieux, nous aurons chaud.

LA GRAND'MÈRE.

J'entends, et c'est juste. En attendant, mets tes petites mains dans les miennes...

LOUISE *(après avoir mis ses mains dans celles de sa grand'-mère, les retire précipitamment).*

O grand'mère ! mais vos mains sont glacées !

LA GRAND'MÈRE.

Et moi qui avais la prétention de réchauffer les tiennes ! Je vois, Dieu merci ! que le feu qu'on nous prépare sera pour toi un plaisir plutôt qu'un besoin. Mais toi, ma Cécile, tu restes muette... que désires-tu ?

CÉCILE.

Je ne désire rien, grand'mère, que ce qui peut plaire à Dieu et à vous-même.

LA GRAND'MÈRE.

On ne peut mieux répondre. Mais ne sont-ce pas déjà vos sœurs qui reviennent ?

SCÈNE V.

LES MÊMES, THÉRÈSE, LÉONIE.

THÉRÈSE *(entrant avec un manteau de soldat à la main).*

Grand'mère, en nous souhaitant une bonne trouvaille, pensiez-vous faire allusion à cet objet? (*Elle l'étale devant elle.*)

LA GRAND'MÈRE.

Qu'est-ce que cela? une casaque militaire, à ce qu'il semble...

THÉRÈSE.

Apparemment... et même, si je ne m'abuse, un manteau d'officier...

LA GRAND'MÈRE.

D'officier français?

THÉRÈSE.

Je ne pense pas. Léonie peut nous dire cela.

LÉONIE (*sombre et préoccupée*).

Il est évident que c'est d'un Prussien, et j'ai peur de deviner quel Prussien.

LA GRAND'MÈRE.

Lequel?

LÉONIE.

Celui que, Thérèse et moi, nous appelions Satan.

LA GRAND'MÈRE.

Satan ?

LÉONIE.

A cause de sa mauvaise figure et du regard hostile dont il nous poursuivait.

LA GRAND'MÈRE.

Mais, ce manteau, où l'avez-vous trouvé ?

THÉRÈSE.

C'est moi qui l'ai découvert sous la neige, en ramassant du bois, au pied d'un arbre.

LA GRAND'MÈRE.

A toi, maintenant, Léonie, de nous apprendre à quelle marque tu reconnais que ce manteau appartient à l'homme que tu dis, et pourquoi cela te fait peur.

LÉONIE.

Cet homme, je l'ai remarqué, portait un manteau pareil à celui-ci...

THÉRÈSE.

« Je crois bien... c'est l'uniforme.

LA GRAND'MÈRE.

Thérèse, laisse parler ta sœur.

LÉONIE.

Et cela me fait peur, parce que ce serait une preuve que cet homme, ainsi que je le craignais, nous a suivies.

LA GRAND'MÈRE.

Cette crainte, n'as-tu pas reconnu tout à l'heure qu'elle était chimérique ?

LÉONIE.

C'est vrai ; mais je ne sais pourquoi, la vue de ce manteau l'a ranimée chez moi, plus vive encore.

LA GRAND'MÈRE.

Cependant, voyons, Léonie, quoique la peur ne se raisonne guère, tâchons de raisonner la tienne. Ce manteau, dis-tu, était enfoui sous la neige ?...

LÉONIE.

Thérèse vous le dira plus pertinemment que moi.

THÉRÈSE.

Oui, grand'mère, il était tellement couvert de neige que je ne le voyais pas... et remarquez qu'il n'est pas tombé de neige cette nuit.

LA GRAND'MÈRE.

Cette observation est juste. Eh bien, Léonie, de la découverte d'un manteau ainsi abandonné ou perdu, comment arrives-tu à conclure à la présence d'un homme ici ?

LÉONIE.

Je reconnais que c'est absurde. Mais, que voulez-vous ? c'est une impression plus forte que ma raison. J'aime mieux l'avouer que faire la brave, sans l'être.

LA GRAND'MÈRE.

J'approuve cette franchise, et quoique je ne puisse approuver tes craintes, comme, après tout, l'on ne saurait pécher par excès de prudence, nous n'allumerons pas de feu, si vous m'en croyez; et, sans avoir rien à redouter de personne, nous attendrons, ainsi réunies, que le jour reparaisse.

THÉRÈSE.

Pourtant, grand'mère, c'est dommage; notre bois était déjà ramassé, et il est certain qu'un bon feu, sans que je voie à quoi cela peut nous exposer, nous ferait du bien.

LA GRAND'MÈRE.

Qu'en pense Léonie ?

LÉONIE.

Je pense que l'avis de Thérèse mérite qu'on s'y range.

THÉRÈSE (à Léonie).

C'était d'abord le tien.

LA GRAND'MÈRE.

Eh bien, mes enfants, tenons-nous-y. Allez chercher votre bois.

THÉRÈSE.

Mais, avant tout, grand'mère, que faire de ce manteau ? Est-ce que vous ne le déclarez pas de bonne prise ?

LA GRAND'MÈRE.

Assurément, et nous pouvons, sans scrupule, en user pour couvrir ces enfants.

LOUISE.

Moi, je n'en veux pas; je ne veux pas avoir l'air d'un soldat prussien.

THÉRÈSE.

C'était à vous, grand'mère, que je le destinais.

LA GRAND'MÈRE.

Sans avoir les répugnances de notre petite Louise, je t'assure que je n'en ai nul besoin.

THÉRÈSE.

Personne n'en va vouloir... Mais il y a là quelque

chose de lourd dans les poches... Qu'est-ce qui pèse donc tant? Voyons : (*Elle cherche et tire une gourde qu'elle agite*). Ceci n'est pas à dédaigner, et si l'une de nous a besoin d'un cordial... C'est probablement de l'eau-de-vie... (*Elle ouvre la gourde et en flaire le contenu*) justement, je ne me trompais pas... Mais, dans une autre poche, il y a je ne sais quoi qui pèse plus encore... (*Elle en tire un revolver*). Que vois-je! une arme à feu! Léonie, débarrasse moi bien vite de cela.

LÉONIE (*le prenant*).

Donne... Un revolver... Cela me connaît (*Elle l'examine, puis le met à sa ceinture*). Il est chargé. Maintenant, vienne qui voudra... je n'ai plus peur.

LA GRAND'MÈRE.

A la bonne heure! je reconnais ma vaillante Léonie.

LÉONIE (*faisant quelques pas pour sortir*).

Inutile que tu m'accompagnes, Thérèse, je rapporterai bien toute seule notre fagot.

LOUISE.

Non, non. Léonie, ne t'en va pas, je ne veux pas que tu nous quittes... J'ai trop peur !

LÉONIE.

Mais, Louise, je reviens tout à l'heure...

LOUISE (*effrayée*).

Non..., non...

THÉRÈSE (*à Léonie*).

Reste... Ce que tu m'offrais de faire sans moi, je puis bien le faire sans toi (*Elle sort*).

SCÈNE VI.

LES MÊMES excepté THÉRÈSE.

LA GRAND'MÈRE.

Sais-tu bien, chère petite Louise, que nous te gâtons terriblement, et qu'entre nous toutes, la seule qui commande, la seule qui se permette de dire *je veux*, c'est toi.

LOUISE.

Grand'mère, ne me grondez pas... Puisque Léonie elle-même a eu peur, moi, je puis bien...

(*Un grand cri est poussé au-dehors : c'est la voix de Thérèse criant : Au secours ! au secours !*)

LÉONIE.

Thérèse !... (*Elle sort en courant.*)

CÉCILE ET LOUISE.

Grand'mère ! grand'mère !

LA GRAND'MÈRE (*avec calme*).

Enfants, taisez-vous !... Mais priez, priez...
(*Un moment de silence ; on entend une détonation*).

CÉCILE ET LOUISE (*encore plus effrayées*).

Mon Dieu ! mon Dieu ! Nous sommes perdues !...

LA GRAND'MÈRE.

Non, mes chères enfants, non... Dieu nous protégera... Voyez... je disais bien... Voici vos sœurs.
(*Thérèse et Léonie rentrent se donnant la main*).

SCÈNE VII.

LES MÊMES, THÉRÈSE, LÉONIE.

LÉONIE.

C'est bien lui... Ce Satan... Il ne nous fera plus peur : je l'ai tué.

THÉRÈSE (*effarée*).

Figurez-vous, grand'mère... j'étais à ramasser mon bois... Tout à coup, d'un arbre dont j'entends craquer et s'agiter les branches, je vois sauter cet horrible homme... Léonie avait pourtant raison... Cette neige qui couvrait son manteau, il l'avait fait tomber en montant sur l'arbre... et...

LA GRAND'MÈRE (*l'interrompant*).

Calme-toi, ma chère Thérèse... Il y a quelque chose de plus urgent que ces explications... Un homme vient de mourir, et, en ce moment, Dieu le juge. Recueillons-nous et, en retour de l'injure qu'il voulait nous faire, demandons son pardon. Que chacune de nous, à part soi, prie pour lui.

(*Moment de silence. On entend de faibles plaintes venant du dehors*).

LÉONIE.

Ces plaintes... Grand'mère, entendez-vous ?

LA GRAND'MÈRE.

En effet... C'est lui qui se plaint... Il n'est pas mort... Alors, courez, mes enfants, portez-lui secours... Thérèse, prends sa gourde, et verse-lui, dans la bouche, quelques gouttes seulement... pour le ranimer. (*Essayant de se lever*) Si j'y allais moi-même...

LÉONIE.

Non, grand'mère, non. Restez avec nos sœurs. Thérèse et moi, je vous promets que nous le soignerons de notre mieux. Hâtons-nous, Thérèse... Tu as la gourde ?

THÉRÈSE.

Oui, et je prends aussi le manteau. Dieu vous garde, grand'mère !

LA GRAND'MÈRE.

Et vous, chères enfants, qu'il vous assiste !

(*Thérèse et Léonie sortent*).

SCÈNE VIII.

LA GRAND'MÈRE, CÉCILE, LOUISE.

LA GRAND'MÈRE.

Voilà, mes chères petites, une nuit dont le souvenir vous restera. Quand vous aurez mon âge, vous en parlerez encore avec émotion ; et votre vieille grand'mère y gagnera ; car sa mémoire et son nom vous en reviendront plus souvent au cœur et sur les lèvres. Et puis, bientôt, au retour de votre père et de vos frères, après qu'ils vous auront fait le récit de leurs souffrances et de leurs périls, vous aussi vous aurez vos souffrances et vos périls à leur raconter.

CÉCILE.

Alors vous espérez, grand'mère, qu'ils reviendront bientôt ?

LA GRAND'MÈRE.

N'est-ce pas toi, ma Cécile, qui m'enseignais tout à l'heure, par ton exemple, que ce que nous demandons à Dieu, il faut toujours compter qu'il nous l'accordera ?

LOUISE.

Pourtant, grand'mère, quand j'étais toute petite, combien de fois vous m'avez fait demander au bon Dieu la guérison de mère !... J'y comptais bien ; et le bon Dieu ne l'a pas guérie.

LA GRAND'MÈRE.

C'est vrai. Mais, ma petite Louise, écoute-moi bien : ne t'est-il jamais arrivé de demander à ton père quelque chose qu'il ne t'a pas accordé ?

LOUISE.

Cela m'est arrivé, et plus d'une fois.

LA GRAND'MÈRE.

Cependant, pour avoir été déjà refusée, et même plus d'une fois, si tu désirais quelque chose qu'il fût au pouvoir de ton père de t'accorder, ne le lui demanderais-tu pas encore, et avec l'espoir de l'obtenir ?

LOUISE.

Si souvent que mon père me refuse, je n'en continuerai pas moins à lui faire des demandes, et toujours avec confiance, car il est bon et juste.

LA GRAND'MÈRE.

Donc, tous ses refus ne sauraient jamais t'ôter l'espoir en lui, ni te faire douter de sa bonté?

LOUISE.

Non, jamais.

LA GRAND'MÈRE.

Eh bien, ma Louise, il faut en user avec Dieu de la même façon qu'avec ton père; car Dieu est aussi ton père, et lui aussi, lui surtout, il est bon et juste.

LOUISE.

Vous avez raison, grand'mère, et je le ferai.

CÉCILE.

Et moi, grand'mère, je continuerai à le faire plus fidèlement.

LA GRAND'MÈRE.

Chères enfants! c'est vraiment plaisir de vous instruire...

LOUISE.

Grand'mère, voici Thérèse.

SCÈNE IX.

LES MÊMES, THÉRÈSE.

LA GRAND'MÈRE.

Eh bien, Thérèse, tu reviens seule?

THÉRÈSE.

Je vous apporte des nouvelles, et je viens vous consulter. Notre pauvre blessé est tout à fait revenu à lui; il nous a parfaitement reconnues; il entend, il parle très-bien; mais il dit qu'il va mourir, et même il en exprime le désir. Nous lui avons lavé le front et les tempes avec de la neige, puis donné à boire quelques gouttes de sa liqueur. Il a reçu la balle en pleine poitrine, et il n'en sort pas de sang. Tous les soins donnés, Léonie lui a parlé de Dieu, l'a excité à se repentir, et lui a fait faire un acte de contrition qu'il a répété de tout son cœur. A nous aussi, il nous a bien demandé pardon ; et, nous déclarant qu'il était protestant, il a ajouté que ce serait son désir et sa joie de se convertir à notre religion, et de se faire catholique avant d'expirer. Léonie, en ce moment, lui explique nos vérités essentielles : il les accepte sans conteste, et les boit, pour ainsi dire, avidement. Mais, après, qu'y aura-t-il à faire ? faudra-t-il le baptiser ? et avec quoi ? nous n'avons pas d'eau.

LA GRAND'MÈRE.

Quel dommage qu'il nous manque un prêtre, et que ne méritons-nous d'obtenir de Dieu qu'en cette extrémité, il nous en envoie un, pour achever son œuvre de miséricorde ! Mais ce que nous pouvons, ce que nous devons faire, le voici : Avant tout, il faut le baptiser. Grâce au ciel, il n'est pas difficile d'avoir de l'eau ; vous ferez tout simplement fondre de la neige dans vos mains. Ce seul baptême, s'il ne l'a jamais reçu, lui assure le salut. Mais il se peut que, quoique protestant, il soit baptisé. C'est pourquoi vous l'exciterez, de votre mieux, à la contrition de ses péchés... Au reste, en cette circonstance si extraordinaire et si bénie, permettez-moi, mes enfants, d'unir mes efforts aux vôtres... Le salut d'une âme vaut bien que je lui consacre le peu de force...

THÉRÈSE (*l'empêchant de se lever*).

De grâce! non, non, grand'mère... D'ailleurs, c'est peut-être inutile, voici Léonie.

SCÈNE X.

LES MÊMES, LÉONIE.

THÉRÈSE.

Quelle nouvelle, Léonie? (*à demi-voix :*) Est-ce qu'il est mort?

LÉONIE.

Non, Dieu merci! et s'il doit mourir, ce ne sera pas avant d'être un parfait catholique. Vraiment, l'intervention de la bonté divine est ici manifeste. Comme je levais les yeux au ciel pour demander l'inspiration de ce qu'il fallait faire, j'aperçois une ombre noire cheminant le long d'un sentier qui croise la route assez près d'ici. Le désir que ce fût un prêtre m'en donna le pressentiment. Je courus... En effet, je ne me trompais pas... c'est un prêtre, un aumônier français qui, muni d'un sauf-conduit, vient de porter le saint-viatique à des mourants, dans une ambulance du voisinage. Il va sans dire qu'il s'est empressé de me suivre et, en ce moment, il confère à notre nouveau frère en Jésus-Christ tous les sacrements qui vont faire de lui, en même temps qu'un enfant de l'Eglise, un élu du ciel.

LA GRAND'MÈRE.

Léonie a dit vrai : la main de Dieu est visible en tout cela, et cette nuit nous devra être mémorable plus encore par les témoignages qu'il nous a donnés de sa protection et de sa bonté que par nos infortunes. Mais puisqu'il y a un prêtre ici, vous permettrez, mes enfants, que je le considère comme envoyé aussi un peu pour moi, et que j'aie recours à son ministère.

THÉRÈSE.

Vous, grand'mère, et pourquoi ?

LÉONIE.

Est-ce que vous vous sentez incommodée?

LA GRAND'MÈRE.

Ne vous effrayez pas, mes chères petites-filles. Je suis vieille, et ne dit-on pas que la vieillesse est la plus irrémédiable des maladies?... Je ne saurais donc trop me méfier et me tenir prête...

LÉONIE.

En ce cas, grand'mère, je vais avertir le prêtre; il viendra ici, et nous nous retirerons.

LA GRAND'MÈRE.

Non, je désire me mouvoir un peu, et changer de place. N'as-tu pas dit que là, au delà de cette porte, il y a un réduit à peu près semblable à celui-ci? Tu voudras bien m'aider à m'y traîner. Je m'y recueillerai quelques instants, pendants lesquels tu iras chercher le prêtre; puis, quand il sera libre, tu me l'amèneras.

LÉONIE.

Grand'mère, il sera fait selon que vous le désirez.

CÉCILE.

Léonie, est-ce que toi aussi tu ne vas pas te confesser ?

LÉONIE.

Moi, et pourquoi donc ?

CÉCILE.

A cause de l'homme que tu as blessé.

LÉONIE.

Oh ! non, par exemple !

LA GRAND'MÈRE.

Très-bien ! Léonie. (à *Cécile* :) Ma Cécile, tu comprendras un jour que ta sœur n'a rien fait, en nous défendant contre un ennemi, que de conforme à la conscience et à l'honneur.

CÉCILE.

Alors, je demande pardon à Léonie.

LÉONIE.

Léonie, au contraire, te remercie de ta sollicitude pour son âme.

LA GRAND'MÈRE.

Thérèse, je te confie la garde de tes sœurs... Allons ! Léonie, aide-moi à me redresser et à marcher... (*Elle se lève, soutenue par Léonie; Cécile et Louise se lèvent en même temps*) Car c'est moi, maintenant, qu'il faut que tu soutiennes et diriges dans ma vieillesse, comme je t'ai soutenue et dirigée dans ton enfance.

LÉONIE (*l'emmenant*).

Appuyez-vous, ne craignez pas, grand'mère... Votre guide se sent le bras ferme pour vous soutenir, et, pour vous diriger, le pied sûr (*La grand'mère et Léonie sortent par la porte du fond, à droite*).

SCÈNE XI.

THÉRÈSE, CÉCILE, LOUISE.

THÉRÈSE.

Mes chères petites sœurs, grand'mère, durant cette

nuit, nous a excitées à prier plusieurs fois, et pour plusieurs qui en avaient besoin... mais point pour elle-même. Elle s'est oubliée, comme toujours... Mais nous, qui avons tant de raisons de l'aimer, nous ne devons pas l'oublier... Aussi, pendant qu'elle est absente, allons-nous prier pour elle, de tout notre cœur... Hélas! sa santé était déjà bien troublée et en péril, par suite des tristesses et des inquiétudes qui lui sont venues de la guerre... Mais comment pourra-t-elle supporter les fatigues, les souffrances, les émotions d'une pareille nuit?... Il faut, suivant une méthode que nous tenons d'elle et par une prière à laquelle nos cœurs s'associeront, que, chacune à notre tour, nous exposions à Dieu les motifs et les besoins que nous avons qu'il nous conserve notre bien-aimée et vénérée grand'mère. Louise, comme d'ordinaire, c'est toi qui commenceras.

LOUISE.

Oui, mais ne faut-il pas attendre Léonie?

THÉRÈSE.

Assurément; mais nous ne l'attendrons pas longtemps... la voici!

SCÈNE XII.

LES MÊMES, LÉONIE.

THÉRÈSE.

Léonie, nous t'attendions pour prier. Tu devines à l'intention de qui ?

LÉONIE.

A l'intention de grand'mère, à qui je viens de conduire le prêtre... (*bas à Thérèse, en lui indiquant que c'est du blessé qu'elle parle*). Il est mort.

THÉRÈSE (*bas à Léonie*).

Qu'il repose en paix ! (*haut:*) Allons, mettons-nous à genoux, et j'indiquerai le sujet de notre prière (*Toutes se mettent à genoux*). Nous allons demander à Dieu qu'il daigne guérir et nous conserver notre grand'-mère.

TOUTES (*ensemble*).

O Dieu, nous vous demandons de guérir et de nous conserver notre bonne grand'mère !

LOUISE.

Mon Dieu! notre grand'mère a été jusqu'ici si pleine de tendresse pour moi que j'en ai abusé et que je suis gâtée; laissez-la vivre encore, ô mon Dieu, pour que j'aie le temps de me corriger et de profiter mieux de ses leçons!

TOUTES (*ensemble*).

O Dieu, nous vous demandons de guérir et de nous conserver notre bonne grand'mère !

CÉCILE.

Mon Dieu, si j'ai eu le bonheur, tout dernièrement, de vous recevoir pour la première fois dans mon cœur, et si, en ces temps malheureux, j'ai une joie que personne ne peut me ravir, la joie de vous garder et de vous posséder en moi, c'est parce que notre grand'mère a su elle-même m'instruire et me préparer. Mais que deviendrais-je, ô mon Dieu, et comment pourrais-je persévérer et me perfectionner dans votre amour, si je n'avais plus auprès de moi celle dont j'ai fait en toutes choses mon guide et mon modèle !

TOUTES (*ensemble*).

O Dieu, nous vous demandons de guérir et de nous conserver notre bonne grand'mère !

LÉONIE.

Mon Dieu ! si, d'une part, malgré la légéreté de notre âge, nous avons ressenti si profondément et pleuré avec tant de larmes les malheurs de la France ; si, d'autre part, malgré l'accumulation de nos deuils et la succession de nos revers, nous n'avons jamais perdu le courage et l'espérance ; à qui le devons-nous ? N'est-ce pas au patriotisme ardent, à la foi intrépide que notre grand'mère a su inspirer non-seulement à ses fils, mais même à ses filles ? N'est-ce pas elle qui m'a appris à vous répéter chaque jour : Mon Dieu, je vous donne ma vie, je vous la donne en holocauste pour votre Eglise et pour mon pays, comme vous l'ont donnée tous ceux qui ont combattu et qui sont morts pour elle ou pour lui ? Mais, ô Dieu, nos malheurs ne sont pas finis, l'orage gronde encore et menace d'éclater plus terrible : ah ! laissez-nous notre grand'mère pendant tout le temps qu'il nous faudra souffrir et pleurer, laissez-la-nous au delà de ce temps, pour qu'il nous soit encore donné de la voir souriante et consolée.

TOUTES (*ensemble*).

O Dieu, nous vous demandons de guérir et de nous conserver notre bonne grand'mère !

THÉRÈSE.

Mon Dieu, voilà juste six ans, nous perdions notre mère que les deux plus jeunes d'entre nous ont à peine connue, et que les deux aînées n'ont eu le privilége de connaître que pour la regretter davantage. Cependant vous ne nous laissiez pas orphelines; vous nous aviez gardé notre grand'mère pour continuer l'œuvre maternelle et nous apprendre à vous servir et à ne servir que vous, en donnant à ceux qui n'ont pas, en assistant ceux qui souffrent, en visitant et en consolant ceux qui pleurent, en aimant ceux qui nous haïssent, en pardonnant à ceux qui nous offensent, en plaignant et en bénissant ceux qui nous méconnaissent et nous maudissent. Mais, ô Dieu, vous le savez et vous le voyez, l'œuvre n'est point achevée : combien ne nous reste-t-il pas encore à apprendre et à nous perfectionner pour qu'à l'exemple de notre grand'mère, la noblesse du nom ne serve qu'à nous rendre plus humbles, la richesse plus détachées de ce qui est luxe et vanité, la libre disposition de notre temps plus occupées des besoins et des intérêts d'autrui ? Et, si nous avons été dociles, si nous avons le désir et la volonté de l'être plus encore, écoutez la prière que nous vous adressons toutes ensemble...

— TOUTES.

O Dieu, nous vous demandons de guérir et de nous conserver notre bonne grand'mère !

LA GRAND'MÈRE (*elle a paru à la porte vers la fin de la prière de Thérèse, et, attendant que tout soit fini, elle dit à part :*)

Chères enfants ! elles prient pour que je vive encore... ont-elles donc pressenti que ma fin est proche ?... S'il en est ainsi, il va m'être plus facile de la leur annoncer (*Appelant*) : Thérèse, Léonie, j'ai besoin de vous ! (*Thérèse et Léonie courent la soutenir et l'amènent à la place qu'elle occupait.*)

SCÈNE XIII.

LES MÊMES, LA GRAND'MÈRE.

THÉRÈSE (*en l'amenant*).

Grand'mère, vous trouvez-vous mieux ?

LÉONIE (*en la soutenant de son côté*).

Vous sentez-vous plus de force ?

LA GRAND'MÈRE (*en avançant sur la scène, et en s'asseyant*).

Ma conscience est déchargée de tout ce qui lui pesait, et j'ai reçu le pain des forts ; c'est assez vous dire, mes enfants, qu'en fait de force et de bien-être, je n'ai plus rien à désirer. (*Après qu'elle est assise :*) Maintenant, que chacune de vous reprenne sa place à mes côtés, et que Léonie veuille bien continuer à veiller à notre garde, quoique, Dieu merci ! il n'y ait plus aucun danger qui nous menace, et que, d'ailleurs, le jour commence à poindre.

LÉONIE.

Et j'espère que cette bonne dame Catherinette, qui

nous a promis de venir nous chercher, ne tardera pas à m'apparaître à l'horizon.

LA GRAND'MÈRE.

Profitons de ces derniers instants, pour avoir entre nous une conversation intime, où toute personne étrangère à la famille serait de trop. Hélas ! pourquoi faut-il que votre père et vos frères ne puissent s'y trouver ! Mais j'oubliais de vous donner de leurs nouvelles... Grâce au ciel ! tous vont bien, et quoiqu'ils aient tous fait leur devoir en se montrant braves, pas un d'eux n'a été atteint. Je tiens ces bonnes nouvelles de l'aumônier qui les a vus hier et qui, de plus, m'a annoncé que les hostilités étaient suspendues, un armistice signé ou près de l'être, et que nos contrées seraient les premières évacuées par l'ennemi. Donc, mes enfants, il est sûr que vous reverrez votre père et vos frères, et même que vous les reverrez bientôt...

THÉRÈSE.

Et vous avec nous, grand'mère.

LA GRAND'MÈRE.

Moi, mes enfants, qui suis si vieille et si infirme, je dois considérer chaque jour de plus comme un jour de grâce ; et ce qu'on peut appeler sûr pour vous ne l'est pas également par moi. Mais tout le temps que j'ai demandé à Dieu, il me l'a accordé : c'était le temps que devait durer cette malheureuse guerre, pendant laquelle vous seriez restées sans appui. Puisque la voilà finie, je n'abuserai pas de la bonté de Dieu, et je ne lui demanderai pas un jour de plus.

CÉCILE.

Nous, grand'mère, nous le lui demanderons, et même nous le lui avons déjà demandé.

LA GRAND'MÈRE.

Soit, ma Cécile ! Mais je te sais trop filialement et humblement soumise à Dieu, pour craindre que tu refuses de te résigner, si votre demande n'est pas exaucée.

LÉONIE.

Grand'mère, pourquoi, dans votre bouche, ce langage qui nous attriste et nous effraie? Cette nuit vous aurait-elle été fatale, comme nous l'avions craint d'abord, et auriez-vous plus souffert que vous ne nous l'avez fait voir? Dites-le-nous franchement.

THÉRÈSE.

Oui, grand'mère, veuillez nous le dire.

LA GRAND'MÈRE.

Mes enfants, ce que je me suis le plus appliquée à inculquer au fond de vos âmes, c'est la foi chrétienne, avec la force qu'elle inspire pour supporter les passagères épreuves de cette vie, avec la certitude qu'elle donne des éternelles récompenses de la vie future. Si j'ai réussi à cela, je puis, sans crainte de trouver en vous ni pusillanimité, ni défaillance, vous parler aussi franchement que vous me le demandez.

THÉRÈSE.

Vous y avez réussi, grand'mère.

LA GRAND'MÈRE.

Voici donc toute la vérité. Hier, dans la soirée, je

me sentais plus mal à l'aise que de coutume, et j'avais donné l'ordre à Baptiste d'aller chercher le médecin, lorsqu'on est venu le saisir jusque sous nos yeux pour le fusiller. La douleur et, pour tout dire, l'indignation que m'a causée cet attentat, puis bientôt la vue de l'incendie et l'obligation de fuir à la hâte, tout cela m'avait en quelque sorte ôté mon mal. Je me sentais une force, une activité que je ne me connaissais plus... Vous vous en souvenez, c'est moi qui marchais le plus vite, et à peine pouviez-vous me suivre... N'est-il pas vrai, Louise?

LOUISE.

C'est vrai; et moi qui vous donnais la main, il me fallait courir...

LA GRAND'MÈRE.

Cette force qui n'était pas la mienne, mais celle de la fièvre, cette force tomba tout à coup. Je ne sentais plus si mes pieds posaient par terre; et, sans l'appui de Thérèse et de Léonie, je n'aurais pu faire un pas de plus, et j'aurais expiré là. C'est alors que nous nous sommes réfugiées dans cette masure. Depuis ce moment, je n'ai pas souffert; seulement le froid a monté graduellement et il m'a envahi tout le corps. Présentement, je ne me sens plus un peu de chaleur que là, dans la région du cœur. Il se peut donc que je vous quitte bientôt, mes chères petites amies. Mais, s'il plaît à Dieu de m'appeler, n'est-ce pas que vous ne serez pas tristes de me voir aller à lui?... (*Un moment de silence.*) Vous ne me répondez pas?... Voyons, Thérèse, toi qui es l'aînée, donne l'exemple ; sois la plus raisonnable... (*Thérèse se couvre le visage des ses mains, on voit qu'elle pleure et ne peut répondre*). Et toi, Léonie, qui es si vaillante, ne vas-tu pas relever notre courage, le mien et celui de tes sœurs?... (*Léonie se détourne pour pleurer.*) Alors, je fais appel à notre Sainte, à Cécile qui a été si heureuse de recevoir Dieu dans son cœur... Est-ce qu'elle ne m'aime pas assez pour se réjouir de ce que Dieu va être assez miséricordieux pour me recevoir dans son paradis ? (*Cécile fait un effort pour répondre, mais sa voix est arrêtée par un sanglot.*) Eh bien toi, ma petite Louise, qui me restes comme dernière ressource et comme suprême appui, écoute-moi : Si, au lieu d'être ici, sur cette terre où l'on a froid, où l'on souffre et l'on pleure, où l'on se bat et on se tue, où l'on voit tant de maux sans pouvoir les soulager, tant d'erreurs sans pouvoir les corriger, tant de désordres et d'injustices sans pouvoir les réparer, si donc, au lieu d'être et de rester ici, ta grand'mère s'en allait vivre dans un monde où tout est ordre, harmonie et beauté, où l'on ne connaît plus ni les armes ni la douleur, où ne règnent, entre ceux qui l'habitent, que des rapports de bonté, de concorde et d'amour, où se trouvent et se revoient, pour ne plus se séparer jamais, tous ceux qui se sont vraiment aimés et estimés ici-bas, dis-moi, si pareil bonheur arrivait à ta grand'mère, est-ce que cela ne devrait pas te réjouir plutôt que de te faire pleurer ?

LOUISE.

Je m'en réjouirais pour ma grand'mère ; mais je pleurerais de me voir séparée d'elle.

LA GRAND'MÈRE.

Voilà la vérité, mes enfants ; c'est la plus jeune d'entre nous qui l'a trouvée et l'a très-bien dite. Pleurez, si Dieu nous sépare pour un temps ; mais qu'en dépit de vos larmes, il y ait au fond de vos cœurs une sainte et inaltérable joie, la joie de penser que votre grand'mère est heureuse et qu'elle est entrée en possession des célestes biens qu'elle a, pendant sa longue vie, travaillé à acquérir. Vous trouvez peut-être que j'ai trop de confiance, et que je devrais craindre davantage les jugements de Dieu?...

THÉRÈSE.

Oh! non, grand'mère.

LA GRAND'MÈRE.

Mais ma religion, celle que je vous ai toujours enseignée, c'est de faire ce qu'on doit, et d'attendre de Dieu, avec certitude, ce qu'il a promis en retour. Il y a toujours, sans doute, bien des imperfections et des fautes; mais que nous servirait de les avoir confessées et regrettées, si le divin juge s'en souvenait encore? N'est-ce pas, mes enfants, qu'au dernier moment, et interrogeant du regard la vie où je vais entrer et celle que je quitte, je puis compter sur un bon accueil dans l'une et sur de fidèles souvenirs dans l'autre?

TOUTES.

Oh ! oui, grand'mère.

LA GRAND'MÈRE.

Et sur votre résignation calme et courageuse ?

TOUTES.

Oui, oui, nous vous le promettons.

LA GRAND'MÈRE.

Pour moi, ne craignez pas que je cesse de vous aimer, et même de vous voir. Appelée à être heureuse, comment le serais-je sans cela ? Oh ! avec quelle tendresse nous nous associerons, votre mère et moi, pour veiller sur vous ! Mais n'ayez pas peur des épreuves et des infortunes terrestres : si nous ne les écartons pas de vous, c'est que nous les estimerons devoir vous être avantageuses. En un mot, comptez sur nous. Ne vous étonnez pas de ce que je ne vous charge de rien, ni pour votre père, ni pour vos frères : craignant qu'ils ne me retrouvent plus au retour, dès longtemps je leur avais fait, par écrit, mes dernières recommandations. Ils les recevront aujourd'hui de la main du prêtre à qui je les ai remises.

LÉONIE.

Grand'mère, si vous avez encore quelques instructions particulières à nous donner, hâtez-vous, voici Mme Catherinette, accompagnée de plusieurs personnes du village. Au reste, si vous le préférez, je puis leur dire d'attendre.

LA GRAND'MÈRE.

Non, non, laisse-les venir. (*A part :*) Merci ! mon Dieu ! j'avais si peur qu'on ne vînt trop tard.

SCÈNE XIV.

LES MÊMES, CATHERINETTE, FEMMES ET JEUNES FILLES.

LA GRAND'MÈRE.

Sois la bienvenue, Catherinette, ainsi que toutes celles qui ont bien voulu t'accompagner.

CATHERINETTE.

Ce sont toutes les femmes du village qui, les hommes manquant, auraient voulu accourir pour vous transporter, madame la comtesse. J'ai pris les devants avec les plus tôt prêtes. A défaut d'attelage, nous avons un brancard, et, sans compter celles qui viennent, nous sommes déjà plus de porteuses qu'il n'en faut. Lors donc que madame la comtesse voudra...

LA GRAND'MÈRE.

Encore un moment, mes bonnes amies, et le service que vous m'offrez, je vous prie de le rendre, non plus à moi, car je me sens mourir, mais à mon corps inanimé. (*Elle remarque l'étonnement et la consternation que produit cette nouvelle :*) Que personne ici, s'il est vrai que l'on m'aime, ne s'avise de me plaindre et de s'affliger. Ne vais-je pas être délivrée des maux dont il vous reste à souffrir? Catherinette, je te confie ces enfants, jusqu'au retour de leur père. Dieu merci! il ne tardera pas à revenir; et, avec lui, j'ai la consolation de vous l'annoncer, reviendront vos maris, vos frères, vos fils, car la paix va se faire. Mais, ô pauvre France, à quel prix ? Son vainqueur ne pouvant détruire ni la fécondité de son sol, ni la prépondérance de son esprit, ni la générosité et la noblesse de son âme, essaiera de l'annihiler, en la ruinant. Cependant, ô France, sois encore fière ! Le monde entier t'offrira son or pour payer ta dette, et, malgré ta détresse, il te fera crédit avec plus d'empressement et de confiance qu'il ne le ferait à ton vainqueur. Ton vainqueur, est-ce qu'il est destiné à prendre ta place à la tête de la civilisation et à t'éclipser dans l'estime des hommes ? Ses titres, quels sont-ils ? Sa religion, c'est l'erreur ; sa science, c'est le chaos ; sa langue elle-même est obscure comme la nuit. Et que dire de ses mœurs ? C'est le mépris, c'est l'insulte de tout ce qui s'appelle vertu, honneur, loyauté, bravoure et magnanimité ? Non, Dieu n'a pas choisi ce peuple pour en faire l'agent de sa providence et le médiateur de ses bienfaits ; il ne l'a employé que comme un instrument de ses justes colères ; et, quand sera venu le jour du pardon, cet instrument devenu inutile, Dieu le brisera. Mais toi, ô France bien-aimée, panse tes blessures et répare tes ruines. Il ne dépend que de toi de reparaître bientôt, aux yeux des peuples, forte, riche, puissante et rajeunie. On l'a dit : tu ne peux périr, ou plutôt tu ne peux périr que d'une seule façon, c'est en te frappant toi-même... ô France, ne te suicide pas !... Je m'arrête... je n'ai plus la force de parler... mais je puis encore entendre... Ah ! que ma dernière pensée... que mon dernier vœu... soit pour toi,... ô patrie, pour qui j'ai élevé mes fils,... à qui je les ai donnés... Léonie,... un dernier service à ta grand'mère... récite-moi notre prière pour la France... (*tout le monde se met à genoux*).

LÉONIE (*restant seule debout*).

« O Dieu, nous vous supplions, nous vous conjurons de ne pas laisser périr la France, mais de la relever miséricordieusement de sa décadence et de la venger miraculeusement de ses ennemis, qui sont aussi les vôtres, ô Dieu de vérité et de justice !

» Nous vous supplions de lui donner le gouvernement le plus conforme à ses besoins, et les institutions les plus favorables à son progrès moral.

» Nous vous conjurons d'y réunir tous les esprits et tous les cœurs dans les mêmes sentiments de foi politique et religieuse, de concorde et de charité fraternelles..

» O Dieu, nous vous supplions, nous vous conjurons de ne pas laisser périr, mais de relever et de venger la France! »

LA GRAND'MÈRE (*d'une voix éteinte*).

Ainsi soit-il! (*Elle tombe à la renverse, et elle est soutenue par Catherinette qui se tenait à genoux derrière elle*).

THÉRÈSE, LÉONIE, CÉCILE, LOUISE (*se groupant autour de la grand'mère*).

Grand'mère! grand'mère!

CATHERINETTE.

Elle n'est plus avec nous, chères demoiselles, elle est avec Dieu! (*Le rideau tombe*).

FIN.

A LA MÊME LIBRAIRIE.

OUVRAGES DU MÊME AUTEUR.

LE THÉATRE EN FAMILLE (Drames et Proverbes), 2ᵐᵉ édition, 1 vol. in-8°.

VOYAGE D'UN ENFANT A PARIS, ou le choix d'une carrière, 1 vol. in-12.

QU'EST-CE QU'UN PRÊTRE ? un petit vol. in-12.

TRAITÉ ÉLÉMENTAIRE DE BOTANIQUE, rédigé sur un plan particulier et divisé en trois parties, comprenant : 1° l'anatomie et la physiologie végétale ; 2° un exposé de classification selon la méthode de Jussieu ; 3° des notions sur la manière d'herboriser agréablement, et sur les moyens d'utiliser un grand nombre de plantes médicinales dont l'emploi est indiqué dans l'ouvrage. Avec Vocabulaire étymologique, 27 planches et 3 tableaux. Par M. L. de G., 3ᵉ édition. Avec figures noires. 3 »

        Id. coloriées. 6 »

TRAITÉ ÉLÉMENTAIRE DE MINÉRALOGIE ET DE GÉOLOGIE, sur le même plan que le *Traité de botanique*, par le même. 1 vol. in-18, avec 12 planches coloriées. 4 »

ANNÉE CATÉCHISTIQUE, ou le Catéchisme expliqué par sous-demandes et par des exemples aux enfants qui se disposent à la première communion, par M. l'abbé Barbe, avec approbation de plusieurs archevêques. 1 vol. in-12 broché. 1 50

ÉDUCATION CHRÉTIENNE DES ENFANTS, par M. l'abbé J. Verniolles, supérieur du Séminaire de Servières. 1 beau vol. 3 »

PRÉCIEUX SOUVENIR DE RETRAITE ET DE PENSIONNAT, ou moyens de persévérance, par un Père de la Compagnie de Jésus. Broché. 1 20

SOUVENIR ET RÉSOLUTIONS DE PREMIÈRE COMMUNION, par un Père de la Compagnie de Jésus ; nouvelle édition revue et considérablement augmentée. Broché. 1 20

www.ingramcontent.com/pod-product-compliance
Lightning Source LLC
Chambersburg PA
CBHW050327170426
43200CB00009BA/1495